Walther Reichel

Entwurf einer deutschen Betonungslehre für Schulen mit besonderer Rücksicht auf Gedichte

Walther Reichel

Entwurf einer deutschen Betonungslehre für Schulen mit besonderer Rücksicht auf Gedichte

ISBN/EAN: 9783743425798

Hergestellt in Europa, USA, Kanada, Australien, Japan

Cover: Foto ©Thomas Meinert / pixelio.de

Walther Reichel

Entwurf einer deutschen Betonungslehre für Schulen mit besonderer Rücksicht auf Gedichte

Entwurf

einer

Deutschen Betonungslehre

für Schulen

mit besonderer Rücksicht auf Gedichte.

Von

Dr. phil. **Walther Reichel**
Mitglied des Kgl. Sächs. Stenogr. Instituts.

Leipzig
Verlag von Ernst Wunderlich
1899.

Vorwort.

Die Betonung ist in den letzten zehn Jahren wissenschaftlich untersucht worden, und die hauptsächlichen Ergebnisse dieser Untersuchungen dürfen wohl als feststehend angesehen werden. Es sind erschienen:

1888: Meine Dissertation „Von der deutschen Betonung", Jena. Pohle.
Recension dazu von Behaghel, Literaturblatt für germ. u. rom. Phil. 1891.
1890: Behaghel, im Grundriss der germanischen Philologie, Geschichte der deutschen Sprache.
1892: E. Hoffmann, Stärke, Höhe, Länge. Züricher Habilitationsschrift.
1893: Paul, in demselben Grundriss, Metrik.
1893: Minor, in der neuhochdeutschen Metrik.
1897: Die deutsche Betonung in der Gegenwart, in meinen sprachpsychologischen Studien.
Recension dazu von Reis im Literaturblatt für germ. und rom. Phil. 1897.
1898: C. Lang, über den Zusammenhang der Wortfolge mit dem Tonfall. Zeitschr. f. deutsch. Unterricht, Heft 7.

Ich habe diese Ergebnisse handlich zu machen gesucht, um ihre Verwertung in der Schule zu erleichtern. Die Einfügung des Nötigen in die eigentlichen Schulgrammatiken überlasse ich diesen.

Ganz konnte ich grundsätzliche Erörterungen noch nicht weglassen, denn von der Feststellung der gebräuchlichen Betonung bis zur Forderung ist ja noch ein Schritt, und der ist bis jetzt noch nicht unternommen worden.

Der Fortschritt der neueren Forschungen besteht nach meiner Meinung in der Untersuchung der lebendigen Rede, und nicht des toten Buchstabens (des gedruckten Satzes). Wenn man den auf die Betonung untersucht, bringt man immer logische Rücksichten ins Spiel. Weil diese neue Forschungsweise nicht angewendet ist, habe ich auch das Buch von Benedix oben nicht mit genannt.

Ich wollte den Leser den Weg führen, den meine eigene Untersuchung genommen hat. Ich habe deshalb zuerst die Stelle besprochen, auf die der Ton fällt, ohne Rücksicht zu nehmen auf seine verschiedene Natur als Haupt- und Frageton, also auf die Höhenverhältnisse. Ganz liess sich das aber nicht durchführen, ohne

Verweisungen, und die Zeichen habe ich natürlich auch gleich richtig eingesetzt. Der Leser wird daher gut thun, § 32 vorauszunehmen.

Ich habe das Komma vor dem Relativsatz, und auch sonst, manchmal weggelassen. Ich hätte das ausführlich rechtfertigen müssen, und die Interpunktion gehört ja überhaupt zur Betonung, wenn man will. Aber ich habe diesen Teil zurückgestellt, und das Gebiet nur bei Gelegenheit gestreift, z. B. § 18.

Vórführen müsste man eine solche Betonungslehre natürlich mündlich; da ich aber dazu keine Gelegenheit habe, muss es auch sò gehen.

Inhalt.

Erster Teil.
Für den Lehrer.

Seite

A. Kunstlose Rede.
  1. Der Satz.
    Hauptton: a) Beweglicher Ton, vom Sinn abhängig: Erweiterungen und Erläuterungen § 1—9 2
                b) Fester Ton, ohne Rücksicht auf den Sinn: Rangordnung der Wortklassen § 10—17 6
                c) Höreinheit § 18—24 8
                d) Gleichartige Worte § 25—31 13
    Frageton § 32—36 16
        Höhe und Tiefe im allgemeinen § 37 18
    Die nicht hauptbetonten Teile des Satzes § 38—39 . . 18
  2. Das Wort § 40—44 22
  3. Geschichtliche Begründung § 45—46 23
  4. Beurteilung und Gesetzgebung
    des Satzes § 47—51 25
    des Wortes § 52 . . . · 28
B. Kunstsprache.
  Allgemeiner Standpunkt § 53—55 28
  Sondergesetze, Verdichtung § 56—65 32
  Besprechung von Gedichten 41

Zweiter Teil.
Für den Schüler.

Unterstufe 66
Oberstufe 72

Erster Teil.
Für den Lehrer.
A. Kunstlose Rede.
1. Der Satz.

Man findet die deutsche Schulgrammatik langweilig; man wirft ihr vor, dass sie Selbstverständliches lehrt. Richtig ist das jedenfalls für das, was sie über die Betonung sagt. Sie belehrt über die Wortbetonung. Aber die schwankt bei wenigen Worten, und jedenfalls der einzelne Schüler schwankt nicht, sondern bringt seine Betonung mit. Sollen sie aber ein Gedicht deklamieren, also Worte im Satzzusammenhang vortragen, so kommen ihnen beim Lernen zu Hause Zweifel, wie sie „betonen" sollen, d. h. wo sie den Hauptton im Sätze hinlegen sollen. Unsicher sind vor allem die oberen Klassen, die die Betonung selbst finden müssen; aber auch die unteren, denen man günstigen Falls das Gedicht vorgesprochen hat, denn sie haben die Betonung jeder einzelnen Zeile nicht behalten bis nach Hause; wo man aber nicht vorgesprochen hat, werden sie oft falsch betonen.

„Falsch" nach den Begriffen der Erwachsenen — den Erwachsenen braucht man also wohl keine Regeln über den Satzton zu geben? Doch, denn auch unter ihnen ist in dieser Beziehung noch manches unentschieden. Wie ist das möglich? Beim Sprechen ist doch kein Streit.

Die Betonung ist dem gesprochenen Satze angebōren; wenn der Satz aber einmal gesprochen ist, vergisst man den Ton, der darauf gelegen hat, und würde in Fällen, wo die Betonung zweifelhaft ist, ihn schwer wieder finden, weil man sich nicht klar ist, nach welchen Grundsätzen man verfährt. Noch schlimmer, wenn man den Ton finden soll für eine fremde Vorlage, und doch müssen wir das thun, wenn wir ein Gedicht, ein Schriftstück vorlesen. Wäre es nun nicht einfacher, den Ton beim Schreiben zu bezeichnen, dann würde die Arbeit, den Ton nachträglich zu ergänzen, wegfallen.

Die Dichter, die Schriftsteller würden beim Niederschreiben den Tòn hinzufügen. Ja das ist noch eine Fràge ob es lohnt, die Bezeichnung durchzuführen, die Gelehrten sind sich noch nicht einig. Wénn, dann müsste man anleiten, den Ton zu höoren wie bei àanderen so bei sich sèlbst, und dann müsste man die Belehrung, die ich hier geben will, erst rècht geben.

Was sòll man nun für Regeln geben? Dieselben Regeln, die bishér galten? — Bisher hat es nur die unbewussten Regeln gegeben, die in der gesprochenen Rede walten, und es fragt sich, ob man sie übertragen darf auf die geschrlebene (und Kùnstsprache). Was will die Betonung der Gesprochenen, und erreicht sie ihren Zweck durch die angewandten Mittel? Hat vielleicht die Kunstsprache einen anderen Stil als die Umgangssprache, und müssen wir deshalb neue Gesetze für diese Abweichungen dazù machen?

Also: Zwèck der Betonung.

Betonen heisst die Worte verschieden stark aussprechen, genau genommen verschieden stàrk, verschieden hòch und verschieden làng, und das thun wir deshalb, weil einige Worte des Satzes oder auch ganze Sätze 1) weniger wichtig sind (gleichgültig mehr oder weniger), oder 2) leichter ins Ohr fallen (leichtverständlich, selbstverständlich sind).

Hauptton.

a) Beweglicher Ton. Erweiterungen und Erläuterungen.

§ 1. Zu 1) Ganze Sätze können weniger wichtig sein: Ein guter Vortrag soll nichts geben, was sich der Hörer schenken kann, aber doch wird ein guter Vortragender nicht verzichten darauf, manche Partien seines Vortrags zurücktreten zu lassen und an anderen Stellen sich zu grosser Stärke und Höhe und Langsamkeit zu erheben. Denn es wird ihm daran liegen, dass der Hörer einige Sätze als Resultat mit hinwegnimmt, mehr oder weniger im Wortlaut, da er doch den ganzen Vòrtrag nicht behàlten kann. Das übrige dient dazu, diese Sätze zu beweisen oder vorzubereiten, dient zum Verständnis, und darf dann èher vergessen werden. Diese Sätze (oder auch Satzteile) wird er mit hervorragender Stärke sprechen und das übrige schwach; dann braucht der Hörer nicht zu überlegen, was hast du von der ganzen Sache zu behalten, diese Arbeit wird ihm àbgenommen, und das Wenige also, was ihm auf diese Weise zum Behalten aufgegeben wird, wird ihm gleich mit èingeprägt, weil es ihm ins Òhr fällt. Ein Vortrag ohne Betonung ermüdet, ohne Betónung, d. h. entweder gleichhoch oder gleichtief

— „eintönig", entweder gleichschwach oder gleichstark, und man wird finden, der Hörer hört um so lieber zu, je mannigfaltiger die Tonleiter der Stärke-Höhe-Dauer ist.

§ 2. Die Darstellungskunst zeigt sich aber auch innerhalb eines einzelnen Satzes. Sie findet heraus, dass diese oder jene Bestimmung dem Hörer zunächst unwesentlich, gleichgültig ist gegenüber einer Hauptsache, einem Kern der Mitteilung. Sie will diese Hauptsache nicht durch nebensächliche Details stören und bringt die nachher; oder sie fügt die Specialisierung zu für den, der sich dafür interessiert; oder sie will die Wirkung ihrer Mitteilung steigern, indem sie den Hörer stufenweise zu der Gesamtanschauung führt.

„Hans Merkel ist engagiert, nach Riga. — Bei Koris ist es jetzt ganz leer; Hellwig wohnt auswärts, in Kösen. — Ich habe von Herrn Meule gehört, dass jeder Kellner sein Service hat, eine bestimmte Anzahl Personen, die er bedient, zehn."

[Ich erzähle von einem jungen Ehepaar, dessen Möbel noch nicht angekommen waren, und die die erste Nacht in sehr unvollkommener Weise zubringen mussten]: „Die hatten auch ihr erstes Nachtquartier in der Küche machen müssen, auf Stühlen."

„Heinrichs Oper ist aufgeführt worden mit grossem Erfolge." Andere Beispiele Studien, Seite 77—81.

Dieser Zusatz heisst **Erweiterung**. Die Erweiterung bekommt einen zwéiten Tòn (zweiten Hauptton).

§ 3. Ist die Bestimmung aber nicht wichtig genug, um mit einem besonderen Ton nachgebracht zu werden, so wird sie mit dem übrigen Satze unter einen Ton vereinigt, a) gewöhnlich in der regelmässigen Stellung, b) oft aber auch nachgebracht. a) „Er muss jetzt tüchtig árbeiten" (nicht „árbeiten tüchtig"). Dagegen b): „Die Regierung hat noch ándere Mittel und Wege gehabt, ganz sicher." Da schien es Bedürfnis, das Adverb nachzubringen. — [Ich werde gefragt, ob ich das Beebee schon gesehen habe]: „Ja der kommt nicht aus seiner Stube heraus, und in die Stube kann ich wieder nicht. Einmal ist er únten gewesen gleich den zweiten Tag." (Ich meine „gleich den zweiten Tag".)

Ein gutes Beispiel dafür, wie die Bestimmung náchträglich im Geiste erschien, aber beim schriftlichen Ausdruck eingefügt wurde: [Ich werfe mir eine Stelle aus dieser Schrift hin, sie steht auf Seite 24]: „Für die Gruppe von gleichartigen Worten ist wohl ursprünglich die Gleichbetonung vorhanden gewesen" — so hatte ich erst, dann kam dazu „wohl immer", und das fügte ich ein: „ist ursprünglich wohl immer die Gleichbetonung vorhanden gewesen."—Und ein Beispiel aus dem Gespräch, zu zweien, wo die Bestimmung nicht nachgebracht wurde, aber schon so wichtig war, dass sie durch Pause vom übrigen getrennt wurde: [Es wird von den bunten Glasscheiben des Zimmers gesprochen, die den Hausherrn stören, er fährt fort:] „Ich will Ihnen auch sagen, weshalb er diese Butzenscheiben — vermutlich — hat machen lassen."

§ 4. Zu 2) Leichter ins Ohr fallen

a) die naheliegenden Begriffe, naheliegend im Zusammenhang der bisherigen Rede oder nach der Situation, in der sich beide befinden. So vor allem eben dagewesene, dann aber auch solche, die sich bei näherem Nachdenken von selbst ergeben. = „Erläuterungen".

[Der Papa erzählt dass er Theaterbillets gekauft hat.] „Papa wohin hast du denn Billets?" [fragt ein Kind.] — Es wird nach einem Buche gefragt: „Ist es gut gehálten? — Antwort: „Ei, das ist ganz fürstlich gehalten." — [Ich spreche mit ein paar Freunden von dem Kinematographen, den ich eben gesehen habe]: „Das labt einen, wenn man so etwas Neues sieht, was der Menschengeist wieder erdèngelt hat." [Naheliegend: „Billets, gehalten, Menschengeist."]

§ 5. Diese wiederholten oder naheliegenden Begriffe werden tonlos, der Ton aber rückt mechanisch auf ein anderes Wort des Satzes, und zwar auf die nächstniedere Wortklasse (siehe Seite 6). Dieselbe Rückung findet statt, wenn die ganze Äusserung naheliegt oder als naheliegend hingestellt werden soll: [Wir gehen auf der Strasse vorbei an den städtischen Reinigungswagen]: „èin impertinenter Geruch," [wird gerufen]. Der Ton rückt auf das bedeutungslose „ein". „Bist du nóch nicht fertig?" oder „bist du noch nicht fértig?" Das erste Mal lautete die Frage „bist du noch nicht fértig?" und wenn diese Frage nicht gethan wurde, so hat sich der Sprecher doch mit ihr getragen. — [Ein Freund des Hauses, der uns im Seebad auf ein paar Tage besucht, wird von der Hausfrau gefragt, ohne dass eine Überleitung im Gespräch stattgefunden hätte]: „Sind sie bei Jenny's in Royan gewésen?" Das meint: wie es doch Ihre Absicht war.

§ 6. Die Rückung tritt nicht immer ein, wenn auch der Begriff schon da war, weil man die Thatsache sonst als naheliegend auffassen würde, fälschlicherweise: Im Bäumlein was andere Blätter hat gewollt, heisst es: „Der fährt durch alle Bäume geschwind und kommt an die glasenen Blätter." Von den glasenen Blättern war schon die Rede; würde man aber betonen „und kòmmt an die glasenen Blätter," so würde zu erwärten gewesen sein, womöglich vorher schon davon gesprochen worden sein, dass die glasenen Blätter durch einen Wind untergehen würden. — [Zu dem sechzehnjährigen Neffen sagt die Tante]: „Willst du denn nicht Pastor werden?", = es liegt für dich doch so nahe, oder sòllte dir naheliegen.

§ 7. Es kommen Vernachlässigungen dieser Regel vor, die als Fehler anerkannt werden, als Mangel an Rücksicht auf den Hörer. „Hat denn nicht einer von den Herren eine Fünfpfennigermarke?" [fragt eine Frau ihren Mittagstisch, wo davon noch gar nicht gesprochen worden war]. Auffallend häufig behält aber der konkrete gewichtige Substantivbegriff seinen Ton. [A. will Kirschen kaufen], „B.: Nun, paar rechte schöne schwárze? A.: Na, die sind aber nicht sehr schön. B.: O mein Herr das sind schöne schwarze Kirschen." Diss. S. 15/16.

§ 8. Oft werden solche Erläuterungen nachgebracht. (Landtag) „— — und ich fürchte, dass das jetzige Projekt noch nicht das letzte ist, was hervorgeht aus dem Schosse der verbündeten Regierungen. — Ich möchte denn doch auch recht dringend warnen, dass man doch endlich absteht von solcher Art und Weise der Behandlung." Wenn die gewöhnliche Wortstellung es nicht erlaubt, wird vorher vorläufig das Fürwort eingesetzt: „Man kann sie gar nicht alle übersehen die Kinder. — Du kriegst kèinen mehr, wenn du sie alle wegwirfst, kèinen Stock" — zu einem kleinen Knaben gesagt, der die ihm abgeschnittenen Baumzweige wieder wegwirft.

§ 9. Manchmal findet man aber, dass der zunächst weggelassene Begriff dóch wichtiger ist für den Hörer als man erst gedacht hat, man hat ihn vergessen und bringt ihn nun nách betònt, mit einem zweiten Hauptton. [Man spricht über die Unterhaltung mit dem Nachbar in der Klasse während der Stunde]: „Das war zu schön so eine Bemerkung über das was in der Stunde vorkam, das konnte man doch nicht àufheben bis nách der Stunde." — [Herr . . . . erzählt]: „Wie ich heute nach Háuse ging auf dem Boulevard, kam mir ein ganz zerlumpter Kèrl entgegen;" [er erzählt weiter: „Der ging mir nach, verschwand eine Zeitlang und traf endlich nicht weit von der Hausthür wieder mit mir zusammen."] — Also der Ort, wo er ihn zuerst tráf, ist wichtig. — „Passt hier àuf auf den Wèg." Das könnte ohne grossen Unterschied zusammengefasst sein unter èinen Ton, dann würde es heissen: „Passt hier auf den Wèg auf," wie ich hernach sagte: „Gebt hier auf den Wèg acht." — A. (7 Jahre): „Möchten Sie hingehen in das Land, wo die Boa konstríktor ist? B.: Nein, weil ich mich da zu sehr in Àcht nehmen muss, dass ich nicht gefressen werde von den wilden Tieren." Die beiden letzten Töne sind wahrscheinlich alles beides Erläuterungen. Siehe die Beispiele Dissertation Seite 28 oben, 29 Zeile 8/9, Studien 105—6.

Das war **gelegentliche Leichtverständlichkeit.** Andere Beispiele Dissertation 5—15, Studien 11—22, Behaghel, Paul, Minor 84—90.

b) Fester Ton. Rangordnung der Wortklassen.

§ 10. Leichter ins Ohr fallen b) die häufigen Worte, die dem (deutschen) Ohre häufig vorkommen = **ständige Leichtverständlichkeit.**

Die Regel wäre da ganz einfach: man betont, nachdem man etwaigen Erweiterungen und Erläuterungen ihre Rollen zugeteilt hat, die Worte nach ihrer Seltenheit, abgestuft. So verfährt aber die Sprache nicht, wenigstens nicht die Durchschnittsware der flüchtigen Umgangssprache. Sie betont innerhalb einer „Gruppe"[1]) nur ein Wort, und auch das ist nicht immer das seltenste. Es wäre auch schwer, das jedesmal auszuzählen. Sondern sie hat gesagt: Bei den Substantiven sind die allermeisten seltener als etwa die Mehrzahl der Adjektiva, also betonen wir bei jedem Zusammentreffen von Substantiv und Adjektiv das Substantiv: „Das Königliche Schloss." Und so hat sie auch gesagt bei den übrigen Wortklassen. Sie betont also Substantiv — Verb, Zahlwort — Substantiv, Präposition — Substantiv, Artikel — Substantiv. Und in ähnlicher Weise geregelt ist das Zusammentreffen der übrigen Wortklassen unter sich: Fürwort — Verb, Hilfsverb — Verb, Adjektiv — Verb (d. h. Adjektiv in der Form des Adverbs) u. s. w., ich will nicht mit Selbstverständlichem ermüden. Siehe Behaghel im Grundriss, Minor S. 90—92. Die zahlreichsten Wortklassen sind nach dem Substantiv eben Verbum und Adjektivum, diese überwiegen daher gewöhnlich. = Rangordnung der Wortklassen.

Beispiele. § 11. Substantiv-Verb. 1) Substantiv als Subjekt. „Der Georg hat geschrieben! — Der Kaiser ist gestorben! — Wie die Zeit vergeht. — Balken krachen, Pfosten stürzen, Fenster klirren."

2) Substantiv als Objekt. [Als wir aus dem kleinen Dampfer Mireille aussteigen, wo der Hund gehalten werden musste, sage ich]: „Herr . . . ., jetzt lasse ich den Hund los." — [Der kleine Kurt

---

[1]) Siehe darüber § 18.

auf dem Spaziergang]: „Der [der Hund] kann sich doch tőten, wenn er da herunterspringt." Ich: „Na, 's Bèin brechen." — [Ich fange die Lesestunde mit dem Siebenjährigen an, überlege, was wir lesen wollen; laut]: „Was haben, ach heut haben wir Hänsel und Grètel fertig zu machen." Bei allen diesen Beispielen war nichts vorhergegangen, wodurch der Satz nahegelegt war.

3) Substantiv als Adverbiale. A.: „Du, also was willst du, die Hauptidee eines Dramas wie man die bearbeitet?" B.: „Wenn du also eine Erzählung liest und die in eine dramatische Fórm umarbeiten..." (Form umarbeiten). — Beim Anblick der Schwäne: „Zu gelungen, dem zuzusehen, es kann nicht jeder so auf seiner Brùst herumfahren mit dem Kopf."

§ 12. Adjektiv-Substantiv. [Mein Schwager trifft mich auf der Strasse]: „Was Tausend, du trägst ja jetzt einen breiten Hút? — Wie ich heute nach Hause ging auf dem Boulevard, kam mir ein ganz zerlumpter Kèrl entgegen. — A.: Die Frau Herrmann ist eine ganz niedliche Fràu, nícht? B.: Ja, klare Aùgen hat sie." Andere Beispiele Studien 110 unten, Diss. 17.

§ 13. Das Adverbiale ist bald Substantiv, bald Adjektiv, bald Partikel: Substantiv, betont, siehe § 11,3. Substantiv unbetont: „Er ist drei Jahre Brâuer gewesen." Mit Präposition: „Da ist in Dresden neulich ein Lùftballon losgelassen worden. — Geh ein bischen zur Sèite" [ein Bisschen].

§ 14. Adjektiv. A.: „Die Tante Luise ist gewohnt, viel zu denken. B.: Sie erzählt sehr hübsch." — Ich erzähle, ich war auf der unteren Brücke: „Da sieht man wunderschön diese breite Charénte, und kommt so ein schöner Wínd her" [wunderschön].

§ 15. Partikel: Kurt betrachtet meine Handschuhe: „Sind diese Handschuhe dícker wie meine?" Ich: „Ja." Er: „Das ärgert mich so, dass die so zerrissen sind" [er meint sèine]. Ich: „Ja die sind auch sehr dùnn, die zerrèissen bald" [bald].

Wie man aus diesen Beispielen sieht, ist die Betonung des Adverbiales verschieden. Begreiflich ist zunächst, dass die kurzen Partikeln nicht den Ton haben.

§ 16. Tonlos sind auch gewöhnlich die Zeitbestimmungen, die ja so häufig wiederkehren. Sie können durch Substantiv gegeben sein oder Partikel. Der Ort ist auch oft tonlos, wie oben „in Dresden"; besonders wenn er am Anfang des Satzes steht, wie es Zeit und Ort so oft machen (Studien S. 58). Tonlos sind auch gewöhnlich die Bestimmungen der Art und Weise „mit aller Kraft, aus Furcht."

§ 17. Ortsbestimmungen im Substantiv haben aber oft den Ton, besonders wenn sie im Akkusativ stehen (auf die Frage wohin), und wenn das Verbum häufig ist, wie etwa „gehen, kommen, fahren, setzen". „Du musst eher zu Bĕtt gehen. Ins Kollĕg gehen." Das Verbum für sich giebt dem Hörer nichts oder nicht genug, es kann also mit dem Substantiv unter einen Ton zusammengefasst werden, und der regelmässige Substantivton tritt ein (§ 11). Ist dagegen das Verbum an und für sich schon dem Hörer etwas wert, so kommt Erweiterung in Frage („ist engagiert, nach Rĭga" § 2), und ein guter Stil trennt da, was ein schlechter vereinigt. Das Beispiel dort in § 2: „Hellwig wohnt auswärts, in Kōsen", würde ein anderer vielleicht so ausgesprochen haben: „Hellwig ist nach Kōsen gezogen." — „Wo haben Sie denn die her?" fragt eine Kellnerin die andere, die Birnen isst, wo sie sich vorhin doch bloss Weintrauben gekauft hat: „Ich hab sie von der Tĭna abkauft." Das' ist zu viel auf einmal, entweder: „ich hab sie von der Tĭna, ihr abgekauft" oder „ich hab sie abkauft, von der Tĭna."

Auch die Ortsbestimmung im Dativ kommt durch solche Zusammenfassung in eine Gruppe manchmal zum Ton. A.: „Also du gehst heute Nachmittag zu den Tanten? B.: Ja. A.: Na Gott ..... da könnte ich am Ende mitgehen, wenn du nicht zu zeitig gehst. B.: Nee ich gehe um 5 ...... (nach einer kleinen Pause:) Fritz, da kannst du mich um 5 auf dem stenographischen Institŭt abholen." (§ 11, 3.)

c) Mehrere Töne innerhalb eines Satzes. (Höreinheit.)

§ 18. Jédes Adverbiale und überhaupt jedes Satzglied kann aber zu einem selbständigen Tone kommen, selbst wenn es notwendig zum übrigen gehört, wenn es über eine gewisse Länge hinausgeht, wenn es zu gross ist für eine Grŭppe. Man kann einleitend sagen: Jeder Satz hat éinen Ton. Aber mag auch vielleicht kéin Komma da sein in einem Satz, er kann doch mehrere Töne beanspruchen weil er sonst vom Hörer nicht übersehen würde. Je ein Ton entfällt auf diejenige Menge von sprachlichem Stoff, die der Sprecher wagen kann, dem Hörer auf einmal vorzulegen. Der Sprecher fasst soviel unter einem Hauptton zusammen, als einen Akt der Auffassung bilden soll. Man kann diese Menge eine Höreinheit nennen. Nach ihr folgt gewöhnlich eine Pause; nícht notwendig verbunden ist die aber mit dem Komma, was den Nebensatz gegenüber dem Hauptsatz abschliesst, wenigstens nicht mit dém Komma, was den Ánfang des Nebensatzes bezeichnet. Z. B.: „Es kommt núr vorher schon davon gesprochen worden sein, dass die glasenen Blätter durch einen Wind untergehen würden. — [Zu dem sechzehnjährigen Neffen sagt die Tante]: „Willst du denn nícht Pastor werden?", = es liegt für dich doch so nahe, oder sóllte dir naheliegen.

§ 7. Es kommen Vernachlässigungen dieser Regel vor, die als Fehler anerkannt werden, als Mangel an Rücksicht auf den Hörer. „Hat denn nícht einer von den Herren eine Fünfpfennigermarke?" [fragt eine Frau ihren Mittagstisch, wo davon noch gar nicht gesprochen worden war]. Auffallend häufig behält aber der konkrete gewichtige Substantivbegriff seinen Ton. [A. will Kirschen kaufen], „B.: Nun, paar rechte schöne schwárze? A.: Na, die sind aber nícht sehr schön. B.: O mein Herr das sind schöne schwarze Kírschen." Diss. S. 15/16.

§ 8. Oft werden solche Erläuterungen nachgebracht. (Landtag) „— — und ich fürchte, dass das jetzige Projekt noch nicht das lètzte ist, was hervorgeht aus dem Schosse der verbündeten Regierungen. — Ich möchte denn doch auch recht dringend warnen, dass man doch endlich absteht von solcher Art und Weise der Behandlung." Wenn die gewöhnliche Wortstellung es nicht erlaubt, wird vorher vorläufig das Fürwort eingesetzt: „Man kann sie gar nicht alle übersèhen die Kinder. — Du kriegst kèinen mehr, wenn du sie alle wegwirfst, kèinen Stock" — zu einem kleinen Knaben gesagt, der die ihm abgeschnittenen Baumzweige wieder wegwirft.

§ 9. Manchmal findet man aber, dass der zunächst weggelassene Begriff dóch wichtiger ist für den Hörer als man erst gedacht hat, man hat ihn vergessen und bringt ihn nun nàch betònt, mit einem zweiten Hauptton. [Man spricht über die Unterhaltung mit dem Nachbar in der Klasse während der Stunde]: „Das war zu schön so eine Bemerkung über das was in der Stunde vorkam, das konnte man doch nicht àufheben bis nàch der Stunde." — [Herr . . . . erzählt]: „Wie ich heute nach Hàuse ging auf dem Bóulevard, kam mir ein ganz zerlumpter Kèrl entgegen;" [er erzählt weiter: „Der ging mir nach, verschwand eine Zeitlang und traf endlich nicht weit von der Hausthür wieder mit mir zusammen."] — Also der Ort, wo er ihn zuerst tráf, ist wíchtig. — „Passt hier àuf auf den Wèg." Das könnte ohne grossen Unterschied zusammengefasst sein unter èinen Ton, dann würde es heissen: „Passt hier auf den Wèg auf," wie ich hernach sagte: „Gebt hier auf den Wèg acht." — A. (7 Jahre): „Möchten Sie hingehen in das Land, wo die Boa konstríktor ist? B.: Nein, weil ich mich da zu sehr in Àcht nehmen muss, dass ich nicht gefressen werde von den wilden Tieren." Die beiden letzten Töne sind wahrscheinlich alles beides Erläuterungen. Siehe die Beispiele Dissertation Seite 28 oben, 29 Zeile 8/9, Studien 105—6.

Das war **gelegentliche Leichtverständlichkeit.** Andere Beispiele Dissertation 5—15, Studien 11—22, Behaghel, Paul, Minor 84—90.

b) Fester Ton. Rangordnung der Wortklassen.

§ 10. Leichter ins Ohr fallen b) die häufigen Worte, die dem (deutschen) Ohre häufig vorkommen = **ständige Leichtverständlichkeit.**

Die Regel wäre da ganz einfach: man betont, nachdem man etwaigen Erweiterungen und Erläuterungen ihre Rollen zugeteilt hat, die Worte nach ihrer Seltenheit, abgestuft. So verfährt aber die Sprache nicht, wenigstens nicht die Durchschnittsware der flüchtigen Umgangssprache. Sie betont innerhalb einer „Gruppe"[1]) nur ein Wort, und auch das ist nicht immer das seltenste. Es wäre auch schwer, das jedesmal auszuzählen. Sondern sie hat gesagt: Bei den Substantiven sind die allermeisten seltener als etwa die Mehrzahl der Adjektiva, also betonen wir bei jedem Zusammentreffen von Substantiv und Adjektiv das Substantiv: „Das Königliche Schloss." Und so hat sie auch gesagt bei den übrigen Wortklassen. Sie betont also Substantiv — Verb, Zahlwort — Substantiv, Präposition — Substantiv, Artikel — Substantiv. Und in ähnlicher Weise geregelt ist das Zusammentreffen der übrigen Wortklassen unter sich: Fürwort — Verb, Hilfsverb — Verb, Adjektiv Verb (d. h. Adjektiv in der Form des Adverbs) u. s. w., ich will nicht mit Selbstverständlichem ermüden. Siehe Behaghel im Grundriss, Minor S. 90—92. Die zahlreichsten Wortklassen sind nach dem Substantiv eben Verbum und Adjektivum, diese überwiegen daher gewöhnlich. = Rangordnung der Wortklassen.

Beispiele. § 11. Substantiv-Verb. 1) Substantiv als Subjekt. „Der Georg hat geschrieben! — Der Kaiser ist gestorben! — Wie die Zeit vergeht. — Balken krachen, Pfosten stürzen, Fenster klirren."

2) Substantiv als Objekt. [Als wir aus dem kleinen Dampfer Mireille aussteigen, wo der Hund gehalten werden musste, sage ich]: „Herr . . . ., jetzt lasse ich den Hund los." — [Der kleine Kurt

---

[1]) Siehe darüber § 18.

darauf an, dass der Accent von dem Wort, wo er zuerst stand, wègkommt." Zwischen „Wort, wo" war beim Sprechen keine Pause.

Der Nebensatz wird vielmehr von der Betonung nicht anders behandelt wie irgend ein anderer Satzteil, Adverbiale u. s. w. Ist er lang, so ist er Höreinheit, ist er kurz, so ist er tonlos und läuft ohne Pause durch. Ein guter Stil mácht bekanntlich keine langen Nebensätze, denn für lange Mitteilungen ist der Háuptsatz da.

Diese Menge sprachlichen Stoffs kann sehr verschieden sein. Schon ein Begriff kann schwer verständlich sein, kann

§ 19, auf jeden Fáll schwerverständlich sein, wenn er selten vorkommt. Ein selten vorkommender Begriff hat entweder wirklich schon ein einziges Wort sich errungen — so wird es doch ein selten vorkommendes sein — oder er muss noch durch einen längeren Ausdruck dargestellt werden. In beiden Fällen braucht der Hörer längere Zeit, um zu apperzipieren. Oder

§ 20, der Begriff, die Bestimmung ist in der Situation unerwartet oder bedeutungsvoll, ist für den Hörer in diesem Zusammenhang inhaltschwer.

Derart waren die Adverbia in den Beispielen „wohl immer" und „vermutlich" Seite 3 und 4; sie erschienen zwar noch nicht im Hauptton, aber in grösserer Stärke, die diktiert war von der Situation: Die „Mitteilung", die damit gegeben wurde, ist dem Sprecher wesentlich, bei dem „wohl immer" sagt er durch die Betonung, dass die Behauptung die in dem „wohl immer" liegt, gar nicht so selbstverständlich ist, bei dem „vermutlich" ist ihm wichtig, dass der Hörer die Hypothese nicht als Thatsache nimmt und verwertet.

So bekommen die orientierenden Begriffe, die den Boden für die Mitteilung ebnen sollen, häufig einen Ton für sich, damit der Hörer mit Ruhe erfassen kann und dadurch erst in gehörige Spannung versetzt wird. Sie bekommen den Ton auch wenn sie häufige Worte darstellen.

Beispiele: [Es erzählt jemand von einem Menschen, den er heute gesprochen und der sehr socialdemokratische Ansichten geoffenbart hätte]: . . . . „und fèrner regte er sich darüber áuf, dass man jemanden, der einem auf dem Fèlde einen Sack Kartóffeln gestohlen hatte, dass man den gerichtlich belangte." Gleich im Anfang hat das „ferner" einen Haupton, weil es die zweite Äusserung einleitet, dadurch wird das Ganze übersichtlich gegliedert. „Dass man einen gerichtlich belangte" ist der Satz, dessen Objekt unverhältnismässig lang ausgefallen ist. Es hat zwei Töne, die zu dem einen Tone des Hauptsatzes nun dazukommen: „auf dem Fèlde" — wichtig als orientierende Raumbestimmung — und „Kartóffeln" (der Ton umgedreht, nach der Höhe, weil's weitergeht — siehe später). — In der Erzählung von Rübezahl, der sich in einen Holzhacker verwandelt, heisst der erste Satz: „Einstmals kam Rübezahl in das seinem Bergbezirke benachbarte Hirschberg." Ich wiederhole mit dem Schüler das, was wir in der Geographie über Hirschberg gesagt haben, und frage dann: „von dieser Stadt Hirschberg ist hier wás gesagt." Hauptton auf dem orientierenden „hier". — [Jemand erzählt von seinem Hund, den er so an sich gewöhnt habe, dass er gar nicht mehr mit seinesgleichen verkehrte]: „und jéden Mòrgen punkt sèchs, da kám der Hund zu mìr". (Die schwachen Accente sind schwache Steigungen.) — [Wir sprechen von einer Landtagsvorlage, und ich mache folgende allgemeine Bemerkung]: „Man kann im Deutschen oft einen falschen Sinn in den Satz hineinlesen. Und so ist es überhaupt oft. So klar das Freytagsche Bùch geschrieben ist." Es liegt in diesem Zusammenhange nicht nahe an das Freytagsche Buch zu denken, so nötigt der fallende Hauptton den Hörer zum Niedersitzen, um sich den Begriff in Ruhe anzusehen. — [Juristisches Kolleg]: „Für die Wertverminderung, die dadurch dem Eigentümer erwächst, ... wird ihm aus Reichsmitteln eine Entschädigung gegeben." Dem Eigentümerer wächst dadurch eine Wertverminderung — das ist eine Thatsache, die sich der Hörer klar machen soll, ehe er die eigentliche Mitteilung in sich aufnimmt. Studien Seite 40. Das lange Glied ist vielfach dasjenige, worüber der Sprecher etwas sagen will, und für diese Fälle passt der Name logisches Subjekt.

§ 21. Ist es nicht so sehr lang, so bekommt es — das ist das Gewöhnliche — den Frageton, der die Frage selber an den Hörer stellt, um seine Spannung zu erregen. „Mit deinem Rezépt habe ich schlèchte Erfahrungen gemacht." So würden das obige Beispiel „hier wás gesagt" viele so gesprochen haben: „hier wàs gesagt." Dieser Frageton ist manchmal geradezu zu einem Fragesatz erweitert: „Weisst du's denn schon von Hánitzsch, der kommt jetzt ganz hierher" statt: „Hánitzsch kommt jetzt bald hierhèr." — In dem Beispiel von den Austern § 56 hätte gesagt werden können: „der áss trockenes Brot mit Áustern"; aber es würde gesagt: „wissen Sie was der Kerl áss."

§ 22. Oder wenigstens es wird der Begriff abgetrennt vorangestellt und mit dem Fürwort wieder aufgenommen: „Die Elsbeth, die predigt natürlich," und danach in der Dichtung: „Bei einem Wirte wundermild, da war ich jüngst zu Gaste," alles verschiedene Stufen der Betontheit.

Ein Beispiel für die Verteilung der ganzen Mitteilung in viele einzelne Höreinheiten ist folgende Erzählung eines Kaufmanns von 45 Jahren innerhalb eines Gesprächs: „Da ist in Dresden neulich ein Luftballon losgelassen worden, da ist einer mitgegangen, so ein Gelehrter, und da haben sie die Temperatur gemessen in verschiedenen Höhen. Wie schnell das wechselte, bei 3000 Meter waren es schon Minus." In der Zeitung würde es vielleicht heissen: Bei einer Luftballonfahrt, die von Dresden aus unternommen wurde, sind von dem begleitenden Meteorologen Temperaturmessungen in verschiedenen Höhen ausgeführt worden. Am schönsten ist „da ist einer mitgegangen, so ein Gelehrter"; durch das vorläufige „einer" ist das Prädikat zu einem Ton gekommen, den es bei der Verbindung zu einer Gruppe nicht bekommen hätte: „Da ist ein Gelehrter (ein Meteorologe) mitgegangen."

Diese Verteilung in Höreinheiten sieht sehr ähnlich der Verteilung durch Erweiterung. Ich möchte diese insofern unterscheiden, als bei der Erweiterung zwei Mitteilungen da sind, hier nur eine, die bloss technisch in mehrere zerlegt werden muss, des Auffassens wegen. Jedenfalls aber haben wir hier wieder a) Länge des Mitgeteilten und b) Wichtigkeit in der Situation gefunden als die Schranken, vor denen der Hauptton Halt macht, ähnlich wie wir im Anfang leichter-verständliche und weniger-wichtige Elemente der Rede unterschieden.

§ 23. Auf diesem Grunde können wir an die Gruppe Subjekt-Prädikat herantreten, von der wir eben ein Beispiel hatten. Ich behandle sie besonders, weil sie dem Leser oft zweifelhaft ist. Sie wird sehr verschieden behandelt von der Betonung. In das Subjekt treten können 1) Begriffe, die uns häufig vorkommen im allgemeinen oder in unseren einzelnen Kreisen von Verwandten, Freunden u. s. w. Dann sind sie mehr oder weniger bekannt, können meist kurz ausgedrückt werden, wiegen leicht und genügen nicht, um eine Höreinheit für sich zu bilden. Einen häufigen Begriff kann aber zugleich das Prädikat darstellen. In diesem Falle giebt es éinen Ton, den bekommt nicht immer das Prädikat, sondern oft das Subjektssubstantiv, und das wird gewöhnlich versehen.

In den Schulgrammatiken stehen oft Übungssätze wie: Der Wald ist grün, der Vogel singt. Solche oder grade diese Sätze kommen ja in Wirklichkeit kaum vor; aber in der Schule können sie doch vorkommen, und betont sind sie jedenfalls auf dem Prädikat. Denn es sind Antworten auf Fragen, die vorher gestellt worden sind. „Was thut der Vogel?" Sie gehören zu den beschreibenden und erklärenden Urteilen. Solche Urteile bildet ja auch der Erwachsne, nur verwickeltere. Aber auch bei ihm wird dieses Urteil allemal der Schluss oder das Glied sein eines Gedankenverlaufs, der Begriff ist in seinem Geist vorhergegangen, und liegt also nahe. Im Gegensatz zu diesen Urteilen stehen die erzählenden. Man hört „der Vàter kommt, das Kùrhaus brennt, der Baùm brennt" [Christbaum]; und um den Unterschied klar zu machen, will ich einmal ein Beispiel erdichten: „Kurt steh' auf, die Vögel singen."

Eben diese kurzen erzählenden Sätze nun sind es, wo der Substantivton häufig ist. Im Jahre 1888 war die gewöhnliche Betonung, die man auf der Strasse hörte: „Der Kaiser ist gestorben." Ich kann mir sehr wohl denken, dass man hier und da auch gehört hat: „Der Kaiser ist gestòrben." Dann waren es Leute, die in dem Augenblick oder in der ganzen Zeit öfter als die übrigen an den kranken Kaiser gedacht hatten, er lag ihnen näher als den anderen. Also die Lage ist überall zu berücksichtigen, und in diesen Paragraphen von 10 ab untersuche ich die Sätze, die keine Voraussetzungen haben. Wo keine Voraussetzung ist, muss man dem Dingwort sein Recht lassen, und jeder wird in dem Körnerschen Gedicht bisher betont haben: „Und das Hùrra jauchzt und die Bùchse knallt." Auch im beschréibenden Urteil ist die Betonung des Prädikats nicht unumstösslich. Ich habe gehört: „Teufel, ist das Bièr kalt. — (Beim Anblick eines Dicken.) Ein grässlicher Kerl, die Hòsen sind auch so elefantenmässig." Das Substantiv ist eben immer wieder das Wichtigere für den Hörer, dessen Ohr auf den Gegenstand der Mitteilugn nicht vorbereitet ist, und auf den Hörer kommt es beim Sprechen an.

Leicht wird die Sache, wenn das Prädikat länger wird, also ein Objekt zu sich nimmt, ein Adverbiale, und diese wieder Attribute, Nebensätze zu sich nehmen u. s. w. Dann nimmt das Prädikat einen Ton für sich, den einzigen, wenn das Subjekt kurz und leicht ist, einen zweiten, wenn es länger ist. Wo dann innerhalb des Prädikats der Ton hinkommt, sagt die Rangordnung der Wortklassen, und § 25 ff.

In das Subjekt treten können 1) schwèrere Begriffe, gewichtig in diesem Zusammenhang oder durch ihre Länge. Je schwerer das Subjekt wird, desto mehr strebt es nach Betonung, Frageton oder gar Hauptton.

§ 24. Im Ganzen sind folgende Verhältnisse möglich:
a) Das Subjekt ist leicht, das Prädikat ist leicht (ist Verbum): beide werden unter einen Ton vereinigt, und den bekommt das Substantiv (nach der Rangordnung). „Der Kùrt ist da, das Kùrhaus brennt." Studien 39, Dissertation 23.

b) Das Subjekt ist leicht, das Prädikat ist schwerer; das Prädikat bekommt den einzigen Hauptton. „Ich lösche das Licht aus [rufe ich meiner Schwester herein, im Fall sie's noch braucht.] — (Jemand berichtet aus der Zeitung) Mehlhose hats Ritterkreuz zweiter Klasse vom Albrechtsorden gekriegt."

c) Das Subjekt wird schwer, das Prädikat ist schwerer: Subjekt im Frageton (auch wieder aufgenommen mit dem Fürwort), Prädikat im Hauptton. „Epochemachend ist das Jahr achtzehnhunderteinundzwanzig geworden durch eine doppelte Leistung," Dissertation 24. „Der Hut ist imstand und der Schirm ist erneuert und die Jacke ist mit neuem Futter versehen" (Hut und Schirm haben den Hauptton, der nur weil der Satz noch nicht zu Ende ist verwandelt ist, der aber bei dem letzten Satze in das Prädikat umschlägt, „Jacke" hat schwachen Frageton). Abweichungen in der Sprache gewöhnlicher Leute: „Haben denn die Gewitter rechten Schaden gethan in Dresden?"; Prädikat ohne Ton. Diss. S. 23.

d) Das Subjekt ist schwer, das Prädikat ist leicht: Das Subjekt bekommt den einzigen Hauptton (wird aber gern ans Ende gestellt): „Es lebte einmal im Schwarzwald eine arme Wittwe."

e) Das Subjekt ist schwer, das Prädikat ist schwer. Beide bekommen Hauptton. „D'n Fritz sein bester Freund ist jetzt Landwirt geworden" (die Haupttöne langsam herabgezogen im Tone des Bedauerns).

d) Gleichartige Worte.

§ 25. Nun treffen aber auch oft mehrere Exemplare derselben Wortklasse zusammen, entweder 1) verschiedene Satzteile oder 2) derselbe Satzteil, wenn er aus mehreren Gliedern besteht, wenn also mehrere Substantiva, mehrere Verba, die durch „und" verbunden sind, durch „aber" oder gar nicht verbunden sind, aufgezählt werden. Hat sich da die Sprache auch zu einer durchgreifenden Regel durchgeholfen, die ihr die jedesmalige Entscheidung abnimmt? Ja, wenigstens in der Umgangssprache, wo man nicht so sorgfältig und kunstvoll spricht wie bei einem Vortrage. Sie giebt den Hauptton dem letzten. Dass dem so ist, sieht man am besten an Sprichwörtern und Redensarten, die jedem geläufig sind und wo jeder leicht nachprüfen kann: „braun und blau schlagen, Haus und Hof, schwarz-weiss-rot, fünfundachtzig," aber „hundertundfünf, Schröder-Devrient, Antrag Richter, Friedrich der Grosse" u. s. w.

§ 26. Unter Nummer 1) gehören vor allem Substantiv und Substantiv, von denen das eine im Genetiv steht, also entweder das erste im Genetiv oder das zweite. „Das Schloss des Königs", dagegen „des Königs Schlòss." Beweis sind Redensarten wie „streiten sich um des Kaisers Bàrt; Lützows wilde Jàgd, der König der Bèlgier", („das Königschloss" heisst es, weil das ein einziges Wort ist und nach der Analogie der übrigen Wòrte betont wird, also mit dem Ton auf dem ersten Gliede).

§ 27. Ferner Substantiv des Subjekts und Substantiv des Objekts: „Arbeit macht das Lèben süss, Faulheit stärkt die Glìeder." wo mancher vielleicht glauben würde, „süss" wäre richtiger betont, oder auch „Arbeit". Ferner Substantiv und substantivisches Attribut: „Hans im Glücke, Friedrich mit der gebissenen Wànge." Vollends sinnlos wird durch diese durchgeführte Weise „das Kind mit dem Bade ausschütten" (Substantiv des Objekts und Substantiv des Adverbiales). Solche Sprichwörter sind richtig gesprochen worden im Augenblick, wo sie erfunden wurden, wo sie ihre Situation hatten. Dann aber fóhlte die, und da schlich sich die andere Betonung ein.

Diese Betonung erscheint recht mechanisch, und ein sorgfältiges Sprechen, eines was von der Sache erfüllt ist, ein lebendiges Reden, macht es nicht so schlimm. Aber wenn jemand überhaupt daran zweifelt — er wird leicht Beispiele auch im Gespräch, also lebéndiger Rede, dafür finden: hier eines für Substantiv und Substantiv im Genetiv: [Herr X. erzählt, wie er einem Beamten an der Zollstation den Koffer überlassen habe zur Durchsicht und sich hernach besonnen habe]: „Darin waren ja die Schmucksachen meiner Fràu." Umgestellt hätte er betont „meiner Frau ihre Schmücksachen!"

§ 28. Häufig allerdings sucht man durch Stärke ein annäherndes Gleichgewicht herzustellen. Während das letzte den Fall mit der Stärke bekommt, sind die vorhergehenden stark, bleiben aber hoch, eine Verbindung, die dem Frageton äusserlich gleichkommt. In ähnlicher Weise tritt an Stelle des Haupttons der Frageton, wenn der Satz weitergeführt wird, siehe § 35. So kommt durch die Verwandlung des ersten Haupttons in den Frageton eine Betonung zu stande, die als Frage-Antwort-Ton (§ 36) aufgefasst werden kann. Z. B.: [Die Mutter spricht ihr Entsetzen aus über den Anzug des Siebenjährigen, es ist beim gemeinsamen Spaziergange mit den Kindern, sie sagt etwa: Na der Hans sieht aber auch schamvoll aus mit seinen braunen Hosen zu der grauen Bluse. Ich antworte (weil der Hans ein hübscher Kerl ist)]: „Da muss der Kérl das Kostüm herausreissen." Würde einem der Satz ohne Betonung vorgelegt werden, so würde man raten auf „Kèrl".

stantiv, von denen das eine im Genetiv steht, also entweder das erste im Genetiv oder das zweite. „Das Schloss des Königs", dagegen „des Königs Schloss." Beweis sind Redensarten wie „streiten sich um des Kaisers Bart; Lützows wilde Jagd, der König der Belgier", („das Königschloss" heisst es, weil das ein einziges Wort ist und nach der Analogie der übrigen Wörte betont wird, also mit dem Ton auf dem ersten Gliede).

§ 27. Ferner Substantiv des Subjekts und Substantiv des Objekts: „Arbeit macht das Leben süss, Faulheit stärkt die Glieder." wo mancher vielleicht glauben würde, „süss" wäre richtiger betont, oder auch „Arbeit". Ferner Substantiv und substantivisches Attribut: „Hans im Glücke, Friedrich mit der gebissenen Wange." Vollends sinnlos wird durch diese durchgeführte Weise „das Kind mit dem Bade ausschütten" (Substantiv des Objekts und Substantiv des Adverbiales). Solche Sprichwörter sind richtig gesprochen worden im Augenblick, wo sie erfunden wurden, wo sie ihre Situation hatten. Dann aber fehlte die, und da schlich sich die andere Betonung ein.

Diese Betonung erscheint recht mechanisch, und ein sorgfältiges Sprechen, eines was von der Sache erfüllt ist, ein lebendiges Reden, macht es nicht so schlimm. Aber wenn jemand überhaupt daran zweifelt — er wird leicht Beispiele auch im Gespräch, also lebendiger Rede, dafür finden: hier eines für Substantiv und Substantiv im Genetiv: [Herr X. erzählt, wie er einem Beamten an der Zollstation den Koffer überlassen habe zur Durchsicht und sich hernach besonnen habe]: „Darin waren ja die Schmucksachen meiner Frau." Umgestellt hätte er betont „meiner Frau ihre Schmucksachen!"

§ 28. Häufig allerdings sucht man durch Stärke ein annäherndes Gleichgewicht herzustellen. Während das letzte den Fall mit der Stärke bekommt, sind die vorhergehenden stark, bleiben aber hoch, eine Verbindung, die dem Frageton äusserlich gleichkommt. In ähnlicher Weise tritt an Stelle des Haupttons der Frageton, wenn der Satz weitergeführt wird, siehe § 35. So kommt durch die Verwandlung des ersten Haupttons in den Frageton eine Betonung zu stande, die als Frage-Antwort-Ton (§ 36) aufgefasst werden kann. Z. B.: [Die Mutter spricht ihr Entsetzen aus über den Anzug des Siebenjährigen, es ist beim gemeinsamen Spaziergange mit den Kindern, sie sagt etwa: Na der Hans sieht aber auch schamvoll aus mit seinen braunen Hosen zu der grauen Bluse. Ich antworte (weil der Hans ein hübscher Kerl ist)]: „Da muss der Kerl das Kostüm herausreissen." Würde einem der Satz ohne Betonung vorgelegt werden, so würde man raten auf „Kerl".

b) Das Subjekt ist leicht, das Prädikat ist schwerer; das Prädikat bekommt den einzigen Hauptton. „Ich lösche das Licht aus [rufe ich meiner Schwester herein, im Fall sie's noch braucht.] — (Jemand berichtet aus der Zeitung) Mehlhose hats Ritterkreuz zweiter Klasse vom Albrechtsorden gekriegt."

c) Das Subjekt wird schwer, das Prädikat ist schwerer: Subjekt im Frageton (auch wieder aufgenommen mit dem Fürwort), Prädikat im Hauptton. „Epochemachend ist das Jahr achtzehnhunderteinundzwanzig geworden durch eine doppelte Leistung," Dissertation 24. „Der Hút ist imstand und der Schirm ist erneuert und die Jacke ist mit neuem Futter versehen" (Hut und Schirm haben den Hauptton, der nur weil der Satz noch nicht zu Ende ist verwandelt ist, der aber bei dem letzten Satze in das Prädikat umschlägt, „Jacke" hat schwachen Frageton). Abweichungen in der Sprache gewöhnlicher Leute: „Haben denn die Gewitter rechten Schaden gethan in Dresden?"; Prädikat ohne Ton. Diss. S. 23.

d) Das Subjekt ist schwer, das Prädikat ist leicht: Das Subjekt bekommt den einzigen Hauptton (wird aber gern ans Ende gestellt): „Es lebte einmal im Schwarzwald eine arme Witwe."

e) Das Subjekt ist schwer, das Prädikat ist schwer. Beide bekommen Hauptton. „D'n Fritz sein bester Freund ist jetzt Landwirt geworden" (die Haupttöne langsam herabgezogen im Tone des Bedauerns).

d) Gleichartige Worte.

§ 25. Nun treffen aber auch oft mehrere Exemplare derselben Wortklasse zusammen, entweder 1) verschiedene Satzteile oder 2) derselbe Satzteil, wenn er aus mehreren Gliedern besteht, wenn also mehrere Substantiva, mehrere Verba, die durch „und" verbunden sind, durch „aber" oder gar nicht verbunden sind, aufgezählt werden. Hat sich da die Sprache auch zu einer durchgreifenden Regel durchgeholfen, die ihr die jedesmalige Entscheidung abnimmt? Ja, wenigstens in der Umgangssprache, wo man nicht so sorgfältig und kunstvoll spricht wie bei einem Vortrage. Sie giebt den Hauptton dem letzten. Dass dem so ist, sieht man am besten an Sprichwörtern und Redensarten, die jedem geläufig sind und wo jeder leicht nachprüfen kann: „braun und blau schlagen, Haus und Hof, schwarz-weiss-rot, fünfundachtzig," aber „hundertundfünf, Schröder-Dèvrient, Antrag Richter, Friedrich der Grosse" u. s. w.

§ 26. Unter Nummer 1) gehören vor allem Substantiv und Sub-

§ 29. Den genannten Koordinationen reiht sich auch die des Adverbiale an, deren manchmal mehrere von gleicher Art, jedes mit einem Substantivum, zu demselben Verbum treten. Sie bekommen einen besonderen Hauptton ja nur dann, wenn sie jedes für sich eine Höreinheit bilden. Sonst aber werden ihrer so viele vereinigt, als man in éiner Gruppe únterbringen kann, und es wird nur ein Ton gegeben. Den bekommt wieder das letzte. Das ist aber nicht immer ungerecht, denn gewöhnlich ist dann das letzte das wichtigere, und die Stellung ist nach dieser Rücksicht schon éingerichtet worden, wenn der Sprachgebrauch es nicht geradezu verbot, wie bei demjenigen Adverbiale, was man trennbare Präposition nennt. Die steht ja merkwürdigerweise gewöhnlich zulétzt, mit dem Tòn.

Dass die Bestimmungen der Zeit und des Raumes allmählich untergeordnet und vorausgeschickt worden sind, begreift sich aus ihrer Häufigkeit. Ein hübsches Beispiel für die Gleichberechtigung beider Glieder: Das Pferd als Kläger, von Simrock, am Schluss:„ Bis an den Bauch in goldne Gerste, In goldnes Korn bis an den Bauch," wo wohl jeder das erste Glied beide Male mit demselben Frageton versehen wird.

§ 30. Absicht ist es ja oft auch, wenn das Subjekt an den Schluss tritt und den Schluss gewissermassen einer Reihe von Verbumsbestimmungen (Adverbiales) bildet. Es wird vorläufig nur durch das Fürwort gegeben (es), die vorausgeschickten Bestimmungen aber sind Orientierungen, die den Schauplatz schaffen und den Hörer vorbereiten sollen. „A.: Ist die Eierfrau bei Ihnen gewesen? B.: Wann? A.: Es kam heute eine Eierfrau zu mir, der ich schon einmal Eier abgekauft habe, und die habe ich zu Ihnen geschickt." Siehe Studien, Wortstellung. Dieselbe Wirkung, das Subjekt an den Schluss zu schieben, hat die Voranstellung des Raumes und der Zeit und anderer Begriffe. „In dem Schlosse der Tränkens wogte am Fastnachtsabend ein frohes Maskengedränge."

§ 31. Es kann auch die umgekehrte Stellung gewählt sein: das Wichtige platzt gleich zuerst herein; was nachfolgt, ist oft Erläuterung. Das ist dann der Fall, wenn es nicht für nötig befunden wird, eine Spannung im Hörer zu erzeugen, wenn die schon da ist: „Aber auf Güte reagiert ihr nicht mehr: schímpfen muss man mit euch."

Diese Stellung ist die seltnere, für gewöhnlich exponiert man und schickt die Exposition voráus, und so liegt der Ton in der Mehrzahl der Sätze am Ende oder gegen das Ende hin. Studien, Wortstellung, 1. Kapitel. Analog dieser Mehrzahl werden nun aber vom ungeübten Léser álle Sätze betont, zumal wenn er den Satz nicht vorher für sich gelesen hat. Er wartet mit dem Ton bis zum

Ende und verpasst dabei die richtige Stelle, verpasst das Substantivum zu betonen in jenen kleinen Gruppen, wo das Substantivum voransteht vor dem Verbum. Oder er verpasst das Vérbum zu betonen, wo es betont vorangetreten ist als das Wichtige. Man wird gewiss manchmal hören: „Verschwunden ist die finstre Nàcht, Verschlungen schon hat ihn der schwarze Mùnd").

Frageton.

§ 32. Aber es giebt verschiedene „Töne", und ich habe in dem Bisherigen schon mehrere Namen angewendet, die jetzt zu erklären sind.

Was ich bisher kurz „betont" oder „Ton" nannte, fällt bei näherer Betrachtung in eine Zweiheit von Tönen auseinander, die beide grosse Stärke mit grosser Höhenveränderung vereinigen.

Der Hauptton ist diejenige Verbindung von grosser Stärke mit grosser Höhe, hinter der die Stimme sofort fällt. Wésentlich ist dieser Fàll, daher das Zeichen `. Ich setze es aber nur auf die Tonsilbe, der Einfachheit halber; der Fall geschieht erst in den nachfolgenden Silben dann, wenn die Tonsilbe nicht die letzte im Satze oder Satzteile ist. Ist sie die letzte, dann durchläuft die Stimme den Zwischenraum mit èinem Male, die Silbe hat zwei Gipfel. Zwar geht die Stimme in der starken, (Ton-) Silbe oft noch zuerst in die Höhe, aber das braucht nicht zu sein, und diese Höhe ist auch gar nicht immer die höchste im Satze. Sondern ebenso wie an Höhe wird der Hauptton oft auch an Stärke übertroffen durch den anderen Ton, den Frageton. Bei ihm ist wesentlich, dass die Stimme danach oben bleibt (bis zu einem etwaigen Hauptton). Das Steigen erfolgt aber auch gewöhnlich erst hinter der Tonsilbe, in der Tonsilbe nur dann, wenn sie die letzte ist im Satze oder Satzteile (zweigipflige Silbe). Oft geht die Stimme sogar noch in die Tiefe in der Tonsilbe. Ja es kommt vor, dass sie zunächst in der Tonsilbe hoch steht wie beim Hauptton, dann fällt wie beim Hauptton, und erst dann in den letzten Silben des Gliedes ihre Steigung ausführt und dadurch den Satz zu einem Fragesatz macht. Z. B.: Wer hat denn die Hútnadel genommen, die draussen auf der Kommode lag? Genauer zerlegt sieht dieser Frageton sò aus: Hùtnadel genómmen.[1]) (Im übrigen siehe die Beispiele hinten beim „Schüler"). Man müsste also eigentlich ein Zeichen setzen etwa so ′, wie oben ` für den Hauptton, und die Stärke des Zeichens müsste nach oben hin abnehmen, also wenigstens so: ′. Aber weil wir einmal das Zeichen ′

---

[1]) Steigung ohne Stärke.

haben, und beim Schreiben der Druck leichter von oben zu geben ist als von unten, so nehme ich dafür das Zeichen ʼ.

§ 33. Dieser Ton scheint ursprünglich gehört zu haben dem Fragesatze. Ganz natürlich, die Höhe reizt das Ohr des Hörers mehr als die Tiefe und wirkt daher als ein Befehl, auf den der Hörer durch eine Antwort zu reagieren hat. Es giebt auch Fragesätze, die heruntergehen, also Fragesätze im Hauptton. Dann sind sie erwartet, es liegt nahe diese Frage zu stellen, der Hörer versteht die Frage deshalb leichter und braucht nicht durch die Höhe gespannt zu werden (1). S. 23: „Wie ist das gekommen." Es giebt Menschen und Situationen, wo viel gefragt wird, wie in der Schule; dann liegt nahe, dass das, was der Lehrer herausbringt, eine Frage ist. Oder 2) der Hörer hat kein grosses Interesse an der Sache, sie ist ihm gleichgültiger.

§ 34. Oft stehen solche erwartete Fragesätze in der Rückung (§ 5), aber auch meist schon im fallenden Ton, also „Wèr hat das gemacht" neben „Wer hat das gemàcht" (die ursprüngliche Form wäre „Wer hat das gemácht"). [Mutter und Schwester kommen vom Spaziergang zurück, ich habe sie vom Balkon aus gesehen, und es liegt nahe, was ich zu ihnen sage, als sie eintreten]: „Wò wart ihr."

§ 35. Der Fragesatz ist also das èrste Erscheinungsgebiet des Fragetons. Aber auch 2) der Hauptton erscheint oft als Frageton; d. h. auch in einem Aussagesatze erscheint der Frageton auf dem Wort, was eigentlich nach unseren bisherigen Regeln den Hauptton haben sollte; das geschieht dann, wenn der Sprecher noch keinen Ruhepunkt machen will mit diesem Satze, sondern die Aufmerksamkeit des Hörers noch weiter beansprucht, ehe er das Gesagte auf den Hörer wirken lassen will. Also wenn ein neuer Hauptsatz angefügt wird mit „und" oder „denn" u. s. w.

Man kann sagen, der Hauptton verwandelt sich in den Frageton; diese Verwandlung beobachtete ich in folgendem Satze: [Mein Bruder hat sich eben einen Stoff ausgesucht, der Schneider ist da]: „Da wollen wir also dèn nehmen, dehn Stóff und nun" [das Massnehmen meinte er].

§ 36. 3) Als Frage erscheint oft nicht ein Satz, sondern ein Begriff; erscheint am Anfang des Satzes und der übrige Satz giebt die Antwort darauf. Wir orientieren damit den Leser, bereiten uns den Boden für unsere Mitteilung, stellen mit einem einzigen Wort den Stand der Dinge hin, zu dem wir etwas hinzubringen. In Briefen kann man diese Anknüpfungen gut beobachten. „Mit der

Réchenaufgabe bin ich noch nicht fertig. — Dass Du in Páris warst, wusste ich nicht." Ein deutliches Beispiel aus der Kunstsprache: „Den Jüngling — bringt keines wieder." Solche Sätze sind häufig; ein guter Stil zerlegt seine Mitteilung in eine Frage und Antwort. Der Satzteil ist beliebig, in dem diese Frage stehen kann. Ja, um den Begriff nur herausstellen zu können an den Anfang, bildet man die kühnsten anknüpfenden Präpositionen: „Bezüglich der Frage der Neuregelung der Gehälter hat der Regierungsvertreter die Erklärung abgegeben, dass die Regierung ihrer Erörterung näher getreten sei."

Verschieden kann bei dem Fragevorsatz sein die Schärfe der Frage; die äussert sich in verschiedener Stärke und Höhe, und ist bedeutender, wo vorher wirklich gefragt worden ist oder vom Hörer wahrscheinlich gefragt wird, nicht wo der Sprecher die Frage aufwirft.

Dem Frageton kommt gleich die Verstärkung in der Höhe, die zur Ausgleichung dient, siehe § 43.

§ 37. Höhe und Tiefe im allgemeinen.

Die Höhe trifft das Ohr leichter; also wird sie vorgezogen, je weniger erwartet das Gesagte ist, je weniger glaublich, oder je fester es sich einprägen soll. Die Tiefe genügt für Mitteilung die erwartet wird, also leichter verstanden, die glaublich ist und von allen oder vielen anerkannt ist. Von vielen anerkannt, aber von dem betreffenden Hörer vielleicht nicht: daher die Tiefe, wo man den Eindruck der Sicherheit hervorrufen will.

Der Grad der Erhebung ist nicht bei allen Haupttönen und Fragetönen gleich, sondern es sind natürlich viele Stufen. Es schien mir aber zunächst nicht notwendig sie alle zu bezeichnen, und nur im allgemeinen für eine besonders starke Erhebung im Hauptton habe ich ein Zeichen genommen ᴀ. Entsprechend wäre dann für die schärfe Frage ᵛ einzuführen.

Die nicht hauptbetonten Teile des Satzes.

§ 38. Ich verstehe darunter die Teile, die keinen Haupt- oder Frageton haben, ich könnte auch kurzweg sagen „die unbetonten Teile", nach dem Sprachgebrauch des Wortes „betont", von dem ich schon oben § 32 Anfang gesprochen habe. Zu den „unbetonten" Teilen muss man alles rechnen ausser den Silben, die Haupt- oder Frageton tragen. „Die Háuptsache bei dieser Besprechung": „Haupt" ist betont, und zu diesem Tone gehört, dass die folgenden Silben immermehr steigen. Aber innerhalb dieses Steigens findet in diesen Silben doch noch ein Auf und Nieder statt, ein Stärker und

Schwächer, ein Länger oder Kürzer. Und so ist es auch in anderen unbetonten Teilen, die um den Hauptton herumliegen, z. B. . . . . „und dann kannst du mich um 5 auf dem stenographischen Institùt abholen." Ich meine alles, was der Silbe „tut" vorhergeht.

Die Gegensätze sind hier lange nicht so scharf. Es ist scharfes Aufpassen nötig, um zu sagen, dieses einsilbige Wort ordnete sich dem folgenden unter oder ordnete sich dem vorhergehenden unter, oder stand für sich und bekam einen Iktus für sich; um zu sagen: In diesem zweisilbigen Wort („immer") hatte das „im" einen Iktus, oder es hatte keinen und damit: Das Wort hatte überhaupt keinen Iktus. Z. B. in folgendem Satze war es so: „Die will immer zärtlich werden." Unsere heutigen Metriker sagen zum Teil noch so: In „immer" ist die erste Silbe betont (hat einen „Hauptaccent"). Sie untersuchen das Wort für sich, und scheinen beim ersten Blick ein Recht dazu zu haben, denn beim Wort sind ja die Tonverhältnisse fester geworden.

Man soll aber nicht so verfahren, man soll alle nebenstehenden Silben untersuchen, wie sie sich zu einander verhalten, gleichviel, ob es Silben desselben Wortes sind oder verschiedener Worte. Das Untersuchen kann geschehen nach den drei Rücksichten der Stärke, Höhe, Länge, also welche Silbe stärker war, wieviel sie stärker war, welche höher stand, welche länger dauerte (ob eine Pause dazwischen war). Das ist nicht so leicht. Am leichtesten ist immer noch zu bestimmen, ob ein Iktus da war oder nicht, also ob eins von beiden diesen Stoss bekam, den wir wenigstens innerlich fühlen, wenn er auch für den Hörer vielleicht nicht zu merken ist.

Ich habe mitunter Sätze daraufhin angesehen. Man kommt da zu interessanten Ergebnissen. Zweisilbige Worte können ihren Ton ganz verlieren, wie ich schon oben sagte. So noch: „Wie das früh hässlich wár." [Das Wetter war dunstig gewesen.] Einsilbige Worte können manchmal drei, vier nebeneinander stehen, ohne sich unterzuordnen, und ohne dass es Aufzählung ist: „. . . sagt er's besser nach, als wenn man's selbst ihm gleich ságt. — Aber jetzt haben wir doch nichts weiter geübt." Vier Silben können manchmal so lang dauern wie zwei: „In Cognac da háb ich die Géige wiederemal in Händen gehabt."

Warum das geschehen kann, ist leicht einzusehen. Ist ein Wort oder eine Wortgruppe (Nebensatz) im Satze bedeutungslos, so wird es schwach und schnell gesprochen; es lehnt sich dann leicht an das vorhergehende an, verliert seinen Iktus und ordnet sich mit der vorhergehenden Silbe zusammen. Und zwar können sie sich er liess, bin ich, worden ist. (In der Stenographie geschieht dieses Zusammenschreiben zum Teil). Also man soll bedenken, dass in solchen stehenden Wortgruppen das betreffende Tonverhältnis was sich da herausgebildet hat, nun auch ziemlich fest im Ohre sitzt, und dass man das Ohr beleidigt, wenn man „ér liess" betont.

Das Wort (kurze Übersicht.)

§ 40. Das Wort folgt denselben Gesetzen wie der Satz.

A) **Ständiger Ton.** Stelle des Tons ist der Stamm, das ist der schwere, seltene Wortteil, gegenüber den häufigen Endungen, Vorsilben und Nachsilben. Ausnahmen:

1) Betont ist der erste Wortteil ohne Rücksicht auf die grössere Seltenheit, wenn beide Teile Hauptworte sind: sogenannter Wortton: „Haúsknecht". Die Erklärung dieser Betonung siehe § 45. Sie liegt darin, dass diese Zusammensetzungen in ihrem Ton sich anlehnten an die Betonungsart der häufigsten Art der Zusammensetzung, der mit Endungen. Und dieser „Wortton" sucht nun allmählich diejenigen Wortgruppen an sich zu ziehen, die bisher dem Satzton folgten, aber zusammengeschrieben werden. Also ungefähr und úngefähr, überháupt, Langewéile, aber Blíndekuh, Grossbóthen, Friedrichs-Róda, Neujáhr und Néujahr. In dieser Weise schwanken vor allem die Ortsnamen und die Fremdwörter: Man hört Karlsrúhe und Kárlsruhe, Salát Sálat, Café und Káffee. Dem Wortton sind auch die Adjektiva mit un — gefolgt: „únglücklich." Die vielen Betonungen auf dem Adjektiv erklären sich aus § 42 und 43.

§ 41. 2) Betont sind die trennbaren Präpositionen, obwohl sie leicht sind. Ich denke mir, weil da die Präposition für Präposition plus Objekt steht, das stehende Objekt wurde später wegen Selbstverständlichkeit weggelassen: „Setzen Sie mich über [den Fluss]." Die Betonung, die das „über" dadurch bekam, wurde dann auch in die umgestellte Satzform übertragen.

§ 42. Rhýthmische Rücksichten verschieben den Ton: Vórurtéil, Náchtarbéit, úngangbár.

§ 43. B) **Gelegentlicher Ton.** Bei grosser Wichtigkeit des Wortes werden beide Teile betont, ursprünglich wohl beide absteigend (vgl. nàss und vòll § 48). Dann aber gewöhnlich im Frage-Antwortton: áusgezéichnet, gróssártig, úndénkbar. Der Frageton verschwindet dann auch: ausseròrdentlich.

§ 44. Ein Wortteil, der gewöhnlich den Ton hat, verliert ihn, wenn der Teil schon eben dagewesen ist (Erläuterung § 4): „Die

Entstehung eines grossen Teiles der Wörter aus Wortgruppen ist nicht zu bezweifeln." Ebenso wenn er mehreren Begriffen gemeinsam ist, die durch den zweiten Teil sich unterscheiden: Arbeitnéhmer und Arbeitgèber. Nicht „Vortrág" sondern Vorschlàg. mensá, mensáe, mensáe, mensám, mensá, mensá.

Geschichtliche Erklärung dieser geltenden Betonung.

§ 45. Ist nun dieses System der Betonung zweckmässig? Wir haben Widersprüche gefunden. Diese Widersprüche reizen zu einer Beurteilung und verlangen eine Erklärung. Wir begeben uns also damit von der Darstellung zur kritischen und geschichtlichen Betrachtung.

Widersprüche sind folgende: Man betont dieselbe Gruppe von Worten verschieden, je nachdem sie verschieden gefügt ist: „Das königliche Schloss,[1]) das Königsschloss — das Schloss des Königs, des Königs Schloss." Man sagt: „es sind heut einundzwanzig Grad im Schatten, ich habe fünfzig Mark verdient," wo doch Grade und Mark in der Situation erwartet werden. Man sagt „die Zeit totschlagen," wo doch „totschlagen" ein selteneres Wort ist als „Zeit".

Das oberste Gesetz der Betonung ist, wie wir wissen, die Betonung des Seltensten. Dieses Gesetz ist hier vernachlässigt. Wie ist das gekommen. Ich sagte schon oben, man (hätte) habe nicht jedesmal auszählen können, welches Wort das Seltnere war, und man führte das durch, was in den meisten Fällen passte: die Betonung der Gruppe nach der Rangordnung der Wortklassen. Man nennt dieses Verfahren den Grundsatz des kleineren Übels. Man machte lieber den kleinen Fehler, hier und da etwas Falsches zu betonen, und hielt diesen Fehler nicht für so schädlich, als dass man sich die Last der jedesmaligen Entscheidung auferlegt hätte. Ähnlich verfuhr man ja auch beim Worte. Das Wort führte durch die Betonung des ersten Gliedes, denn einen grossen Teil der Zusammensetzungen aus mehreren Worten bildeten die Worte, wo das zweite Glied die sogenannte Endung darstellte, jene Worte, die heute nicht mehr zu erkennen sind, weil sie durch vielen Gebrauch bis auf ein Minimum zusammenschrumpften. Diese Endungen waren immer häufigere Worte als das Stammwort, und so kam da immer der erste Teil zum Ton, nach den Grundsätzen des Satztons. Von diesen Zusammensetzungen hat sich die Betonung ausgedehnt auf

---

[1]) Ich habe das Betonte gesperrt, weil ich noch kein Allgemeines (vox media) habe für Haupt- oder Frageton, wo es gleichgültig ist, welcher von beiden.

alle Zusammensetzungen, genauer alle Zusammenschreibungen = alle Worte; die Betónung überháupt hat sich ausgedehnt, d. h. eines von beiden Stücken wurde bevórzugt, und díese Betonung hat sich ausgedehnt, d. h. gerade das èrste wurde betont. Wir betónen ein Wort wie „Hausknecht", wo beide Stücke vielleicht gleich selten sind, und betonen es auf dem ersten, ohne Sinn; wir betonen „Ímhof, Zúmbusch" wíder den Sinn.

Das sind die Gruppen verschiedenartiger Worte.

§ 46. Für die Gruppen von gleichartigen Worten ist ursprünglich wohl ímmer die Glèichbetonung vorhanden gewesen: denn auch heute noch hört man oft so nachdrucksvoll sprechen wie in folgendem Falle: „Da hatte ich einmal eine Birne gekriegt und in die Tasche gesteckt, nach drei Tagen ziehe ich die wieder heraus und die gànze Tàsche nàss und vòll, ekelhaft!" Beim Worte auch: „schàuderhàft, èwìge Zeit." Aber dieselbe Stärke in mehreren Gliedern beizubehalten war das Sprechen zu eilig; dagegen hatte sich beim letzten Gliede eine auszeichnende Eigenschaft ausgebildet. Beim letzten Gliede, als dem Schlusse, ging die Stimme herunter — das stellt sich physiologisch von selbst ein, wenn man mit der Innervation nachlässt, abspannt — dieses Heruntergehen wurde dann als Zeichen des Abschlusses gern beibehalten. Und da dieses Heruntergehen bei der Betonung verschiedenklassiger Worte charakteristisch für den Hauptton war, immer mit ihm verbunden war, so wird nun dieses Heruntergehen[1]) bei den Koordinierten als Hauptton genommen und ihm die grösste Stärke fälschlich hinzugefügt. Was von uns also heute als betont bezeichnet werden muss (Hans im Glück, schwarz-weiss-rot), war gar nicht betont gemeint.

Woher es kommt, dass für den Hauptton das Heruntergehen charakteristisch ist, kann ich nicht sagen. Es muss in irgend einer Periode der Sprache der Ton erstarrt sein, d. h. denjenigen Wortarten, die am Ende des Satzes zu stehen pflegten und deshalb den abschliessenden Fall bekamen, dieser Fall verblieben sein, auch nachdem andere Worte noch antraten, wie das Partizipium und das Adverb („geschenkt, aus — lösche das Licht aus").

Von diesem geschichtlichen Standpunkte aus müssten wir eigentlich unser Tonsystem anders ordnen, wir müssten zum Hauptton die stärkste Höhe stempeln und aus diesem gewöhnlichen Ton den Hauptton als „Schlusston" hervorwachsen lassen, und keinen besonderen Frageton aufstellen.

---

[1]) Hier fängt das Prädikat an.

Beurteilung und Gesetzgebung.

§ 47. Wir kommen zur Kritik. Zweck der Betonung war, das Wort verständlich zu machen. Dazu ist aber nicht die Tiefe geeignet, sondern die Höhe und die Stärke. Um den Schluss anzudeuten, dazu ist die Tiefe brauchbar. Also müsste der Hauptton nicht aus Stärke und Fall bestehen, sondern aus Stärke und Höhe, und er müsste für jedes Wort in jedem einzelnen Satzzusammenhang einzeln bestimmt werden; neben dem Hauptton müsste es aber noch andere Töne in Abstufung geben bis zur Unbetontheit. Freilich hätten wir dann nicht die scharfe Verschiedenheit des Fragetons und des Haupttons, die den Satz beim Sprechen so hübsch übersichtlich macht. Die gleichartigen Glieder müssten gleiche Stärke haben.

§ 48. Diese Vorschläge gehen wohl zu weit über den Sprachgebrauch hinaus, und der Schaden, den das jetzige System anrichtet, ist wohl nicht gross genug, um eine solche gewaltsame Änderung zu rechtfertigen. Wir können mit weniger auskommen. Wir schneiden die Auswüchse ab. Ein solcher Auswuchs ist die hartnäckige Durchführung eines Haupttons in allen Gruppen, eines Tones von hervorragender, überwiegender Stärke. In solchen Verbindungen wie Adjektiv-Substantiv, Substantiv-Verb kommt es oft vor, dass beide Glieder ungefähr gleich häufig sind. Da hat es keinen Sinn, ängstlich auszuklügeln, welches das häufigere ist, und diesem dann einen stark überragenden Ton zu geben. Es käme etwas Falsches heraus, und es hätte auch keinen Wert; dem Zweck der Betonung ist Genüge gethan, wenn man beide ungefähr gleich stark spricht. So hilft sich auch das gewöhnliche Sprachbewusstsein; es empfindet die Ungerechtigkeit dieses Zwanges, dieses „festen Tons", und gleicht das Übergewicht, das im Falle liegt, aus durch die Stärke, die ja dem Zwecke der Betonung am besten dient, und die besonders bei vorausgehendem Adjektiv, Verb u. s. w. wirkungsvoll ist, weil es dann in der Höhe steht. [Meine Schwester kommt und zeigt dem Vater, was sie mitgebracht hat aus der Schule]: „Papa, einen riesigen Holunderstrauss." Freilich geht die Stimme dabei oft merklich in die Höhe, über die Hochebene, möchte ich sagen, des bisherigen Satzes hinaus, so dass man dieselbe Erhebung wie bei der Frage hat und Frageton konstatieren möchte, und es giebt Fälle, wo der sich so ergebende Frage-Antwort-Ton schief erscheint, wo man ihn aber sehr passend finden würde, wenn die beiden Stücke umgestellt wären. So erzählt einer als Unikum von einem

Vater, der „néun Mädels" hat; gefragt wäre besser sò: „Mädels nèun". Siehe die „kokette Frau" unten. Einen hübschen Beweis dafür, wie verschieden solche Adjektiva gesprochen werden, sind die beiden „ganz zerlumpten Menschen", von demselben Sprecher, Seite 5 und 33. Im ersten Beispiel trat das „ganz zerlumpter" ganz zurück, im zweiten schritt es breit, hoch und stark einher, ebenbürtig mit dem folgenden „Mensch".

§ 49. Nur die Höhe werden wir nicht gleichmachen dürfen; so weit werden wir immerhin beim Sprachgebrauch bleiben müssen, dass wir éinem Wort den grössten Fall der Stimme zuteilen, dass wir also an einem Hauptton im Satze festhalten so, wie wir ihn in jedem Satze wenigstens innerlich hören, als Iktus, wenn er auch für ein fremdes Ohr schwer nachzuweisen ist. Aber wir werden uns dabei erinnern, dass diese Stelle des Falles sich nicht deckt mit der Stelle der grössten Wichtigkeit und werden dem sogenannten Hauptton kein grosses Gewicht beilegen für den Zusammenhang. Wir brauchen nur ein Mittel, um die Gruppe zu umklammern und abzuschliessen gegen andere — was in der Schrift jetzt zum Teil besorgt wird durch die Interpunktion; natürlicher diente dazu das letzte Glied — wie es auch bei der Interpunktion ist — aber das würde zu sehr vom Gebrauch abweichen. Wir müssen nach der Rangordnung verfahren. Denn wollten wir gegen den Sprachgebrauch z. B. das Adjektiv betonen statt des Substantivs, so würde man glauben, es läge Rückung vor, das Substantiv läge in der Situation nahe. [A. erzählt von ein paar Hunden]: „ . . . sie waren von dem Herrn, wissen Sie, mit dem grauen Hut und weissen Band. B.: Ach ja, der Herr Amtsrichter ist es. A.: Ja." B. [nach einigen Augenblicken] „der hat eine kokette Frau." Wollte ich betonen „er hat eine kokètte Frau", so hätte ich vorher von anderen Männern gesprochen, die Frauen anderer Art haben. Also das würde einen falschen Sinn geben. Das umgekehrte Missverständnis tritt komischerweise nicht ein; also dass man das unbetonte Adjektiv für naheliegend hielte. So könnte man in dem eben gegebenen Beispiele denken, dass von anderen koketten Dingen vorher die Rede gewesen wäre und nun gegensätzlich die kokette Fräu erscheint. „Herr Richter, jetzt lasse ich den Hund los" (§ 11) — als ob ich vorher andere Dinge losgelassen hätte. Aber diese Konsequenz zieht das Sprachbewusstsein nicht. [Es wird erzählt, dass ein Ausflug gemacht werden soll da und dorthin; der, dem es erzählt wird, fragt:] „Nun, das ist wohl eine lohnende Partìe?" Der Hörer hat keinen Anhalt, um zu entscheiden, ob das „lohnend" deshalb unbetont ist, weil es naheliegt, oder weil es gegenüber dem Substantiv zurückzutreten hat.

§ 50. Auf dasselbe Hindernis, das Missverständnis, stossen die, die die Substantivbetonung unlogisch finden. Ich sagte, das „lohnend" erscheine als die Hauptsache. Wenn ich von jemandem erzähle: „ach es ist ein aufgeblasener Mènsch", so ist Adj. und Subst. eine einzige Vorstellung, die durch zwei Begriffe ausgedrückt ist, weil es nicht anders geht; aber was daran Interessantes, Unterscheidendes ist, liegt nicht im Substantiv, sondern im Adjektiv. Es ist gewissermassen das Prädikat, die Aussage zu dem Substantiv. Siehe das Beispiel vom breiten Hut § 12: dass ich einen Hut trage, ist doch nicht wunderbar, das „Hut" braucht der Hörer nicht so notwendig. Dass er breit ist ist das Neue. Das attributive Verhältnis kann man also als das Verhältnis von Subjekt und Prädikat fassen. Man ist auf eine solche Auffassung neuerdings gekommen und hat sie weiter versucht bei anderen attributiven Gruppen: Verb und (Präposition mit Substantiv) — Verb und Objekt — Substantiv und (Präposition mit Substantiv): „der Vogel auf dem Baume"; hat schliesslich gesagt, jeder Satz, so zusammengesetzt er sei, lasse sich durch fortschreitende Zweiteilung in lauter einzelne Urteile auflösen, die aus Subjekt und Prädikat bestehen und nur zusammengedrängt sind. (Wundt, Paul). Man wird kommen und sagen: Zu dieser Lehre stimmt ja erst rècht die Betonung die Betonung des Adjektivs, und man muss die logische an Stelle der mechanischen setzen. Wirklich scheinen einige von dem Gefühl wenigstens durchdrungen zu sein: ich habe einen Professor gehört, der die Betonung des Adjektivs in auffälliger Weise durchführte: „Daher die Klage Luthers über den Mangel an Studierten, und seine Lockrufe für die Wissenschaft, und da giebt es ein bekànntes Wort von ihm" u. s. w. Dissertation 26. Aber man erinnere sich, dass das Prädikat in einfachen Urteilen gar nicht notwendig den Ton hàt. [Beim Spaziergang] „A.: Seht einmal die hübsche Beleuchtung von Loschwitz. B.: Ja die Bäume sind hübsch grün." § 23. Dissertation S. 23, 24.

Wünschenswert fände ich, dass das Adjektiv dem Substantiv nachfolgt, und dass man also diejenige Wortstellung sich aneignet, die unsere ausgebildete Expositionskunst zur Geltung gebracht hat (Subjekt — Prädikat). Also „Fráu kokètte." Denn ist es ein ánderes Bedürfnis, wenn der Kunstredner singt: „Ich hab' mein Ròss verloren, mein apfelgraues Ross" = ich habe mein Ròss verloren apfelgraues. Und es muss eine einfache Wahrheit sein, denn schon die Brezelverkäufer singen: „Warme weeche Brèzeln, warme wéeche", Dissertation 12. Richtig ist in dem Studentenliede „So pünktlich zur Sekunde": „Man kennt's an meinem Gange, am Gange krumm und grad." Was jetzt meist versucht wird, klingt schief: das Adjektiv in die Höhe, und das Substantiv herunter. „Keine Lúft von kéiner Sèite" muss man betonen (Meeresstille, s. später), „regt keine Wèlle sich", und möchte doch gern „Séite kèiner, Wélle kèine (Flúgel: Bèchstein, Mark 100)" u. s. w.

§ 51. Die Ungerechtigkeit des Koordinationstons können wir leichter heben. Wir können hier noch öfter das eintreten lassen, was die lebendige, von der Sache erfüllte Rede zum Vorschein bringt: 1) den gleichartigen Gliedern jedem einen Hauptton zu geben. Die fallenden Töne sind überhaupt häufiger als man auf den ersten Blick denkt. Oder 2) allen Gliedern gleiche Stärke zu geben, wenn auch das letzte Glied den Fall bekommt; und das kann als Zeichen des Schlusses erwünscht sein, wie wir ja auch im Deutschen beibehalten haben, das letzte Glied einer Aufzählung durch „und" kenntlich zu machen, entgegen dem Asyndeton des Lateinischen.

§ 52. Beim Worte ist nicht die Rede davon, dass wir an dem so fest gewordenen Sprachgebrauch rütteln, etwa wegen der Sinnlosigkeit der durchgeführten Betonung (§ 45). Zu bedauern ist wohl am meisten, dass die Verba auf -ieren den Ton so ganz dem wichtigen Stamme entziehen.

B. Die Kunstsprache.

Allgemeiner Standpunkt.

§ 53. Das wäre die Betonung der kunstlosen Rede. Wie ist es nun mit der Kunstsprache? Braucht sie die Betonung auch? Kunstsprache will schöne Sprache sein, d. h. sie will schöne Gedanken in schöner Form geben. Die schöne Form begünstigt eine leichte und deshalb gefällige Erfassung. Sie giebt positiv die rhythmische Gleichmässigkeit, negativ hat sie zur Voraussetzung die Entfernung aller Anstösse, die die leichte Erfassung beeinträchtigen. So ja vor allem aller grammatischer Fehler. Anstoss aber giebt immer die Abweichung vom Sprachgebrauch. Wir haben erkannt, dass der im geltenden Betonungssystem nicht überall zu billigen ist, behalten ihn aber bei bis zu einer Grenze und entfernen uns da, wo er noch nicht so fést ist, wo er uns noch nicht zwingt. Da gehen wir weiter auf dem Wege, den schon innerhalb des Sprachgebrauchs ein gefühlvolles Sprechen betrat, d. h. wir verwenden Stärke und Höhe für die inhaltliche Schwere (die gelegentliche im Gegensatz zu der durchschnittlichen Schwere), und geben der Stelle des Haupttons nur das Monopol auf den grössten Fall (richtiger auf die grösste Höhenveränderung). Und wir suchen ferner die Betonung nicht in der pedantischen Bestimmung einer oder zweier Stellen, sondern wir prägen auch die übrigen Worte des Satzes tonlich genau, wie es ein sorgfältiges Sprechen uns vormacht. Sorgfältig im Gegensatz zu dem hastigen, geschäftsmässigen; und in der Kunst sind wir ja frei vom Geschäft, wir haben Zeit. Bei allen den Verhältnissen, die wir § 10 ff. besprochen haben, Subjekt- Prädikat, Verb-Objekt und den verschiedenen Formen des Adverbiales werden wir nicht einfach nach der Wortklasse uns richten, sondern dem Adverb „bitterlich" (Läufer von Glarus, Anfang) eine grössere Aufmerksamkeit schenken als dem Adverb „bald" oder „schon". Mit einem Wort, wir werden unser Wörterbuch reicher gliedern, nach Stärke, Höhe, Länge, und erst innerhalb der Grenzen, die uns die jetzige Form des Wortes zieht, dem jeweiligen Inhalt das Feld freimachen für seine Diktatur.

Halten wir uns also mit Beschränkung an die Betonung der Gesprochenen, wie wir sie oben geschildert haben, so müssen wir sie zuerst richtig übertragen. Denn Kunstsprache kommt meist schriftlich vor unsere Auffassung, und da ist die Betonung nicht mitgegeben. Da wir die Regeln der Betonung nicht kennen, lesen wir oft falsch. Ich habe auf die häufigsten Fehler bei dieser Übertragung hingewiesen in § 31 und am Schlusse des 2. Teils). Noch einen:

§ 54. Zusammenhängende Rede und noch öfter schriftliche Darstellung bringen einen Kampf zweier Regeln mit sich. Geben wir eine Äusserung wieder, wörtlich oder ungefähr wörtlich, so müssen wir die Betonung geben wie sie von dem Urheber der Äusserung gegeben wurde; danach kann aber ein Wort zu betonen sein, was eben vorher da war im Zusammenhang der Erzählung, also situationell tonlos sein müsste. In der Auferweckung des Lazarus (Wangemann, Biblische Geschichten) „Jesus aber ‚ergrimmte abermal in sich selbst' und kam zum Grabe. Es war aber eine Höhle und ein Stèin war darauf gelegt. Jesus spricht: Hebt den Stèin ab." — In der Erzählung von der Springwurzel von Steffens: „Es verging einige Zeit, die Frau schien fast gesund, aber ganz war sie noch nicht hergestellt. ‚Wenn ich noch zum dritten Male die Springwurzel erhalten könnte, dann wäre ich völlig gesund, das fühle ich wohl', sprach sie und sandte wieder nach dem Bauer, der erst gar nicht kommen wollte; aber es war als triebe ihn ein böser Geist wider seinen Willen. ‚Hier bin ich wieder, gnädige Frau,' sagte der Bauer, ‚was wollt ihr von mir? Doch nicht, dass ich zum dritten

Male die Springwurzel suchen soll? Davor bewahre mich Gott, kaum bin ich das letzte Mal mit dem Leben davongekommen." Wie hat der Bauer gesagt? Ich glaube . . . „dass ich zum dritten Male die Springwurzel suchen soll." Er wird zu der Frau gerufen, die er lange nicht gesehen hat, und hat an die Springwurzel nicht mehr gedacht, oder nicht in dem Augenblick. Ja, er würde sogar einen anderen Sinn in seine Worte legen, als er will, wenn er Springwurzel nicht betont: Dann würde die Frau sehen, dass dieser Gedanke ihm doch etwas nahe gelegen hat.

Also will man so sagen, wie der Bauer gesagt hat, so muss man Springwurzel betonen. Soll man aber so sagen oder soll man der Regel folgen von der Tonlosigkeit der Wiederholung? Ich glaube man kann diese Regel hier vernachlässigen, weil sie keinen grossen Zweck hat. Ihr Zweck war ja, das Unwichtige zurücktreten zu lassen, um unnütze Arbeit zu ersparen. Für einen einzelnen Fall können wir dem Leser diese Arbeit wohl zumuten, denn auf der anderen Seite gewinnt die Erzählung an Anschaulichkeit, wir können uns besser in die Lage versetzen, wenn die Rede genau wiedergegeben wird, ganz abgesehen von der etwaigen Gefährdung des Sinnes, die sich daneben noch herausstellte, wie wir eben sahen.

§ 55. Ein Beispiel, wie mancherlei manchmal bei der Entscheidung zu bedenken ist, ist dies:

In Wangemann's Biblischen Geschichten findet man Betonungsbezeichnung, d. h. es sind einige Worte des Satzes gesperrt oder stark gedruckt. Das sind nicht die, die nach den Regeln den Hauptton haben würden, sondern die am stärksten zu sprechen sind, die nach dem Sinn und der Meinung des Verfassers die betontesten sein sollten. Z. B. druckt er in der Geschichte von der Gesetzgebung und Abgötterei (20) so: „Als nun der **dritte Tag** kam und es Morgen war, da erhob sich ein **Donnern** und **Blitzen** und eine dicke **Wolke** auf dem Berge und ein **Ton** einer starken **Posaune**. Das ganze **Volk** aber, das im **Lager** war, erschrak. Und Moses führte das **Volk** unten an den **Berg**. Der **Berg Sinai** aber **rauchte** und **bebte** sehr, darum, dass der **Herr** herab fuhr auf den **Berg** im **Feuer**."

Da sehen wir, die Koordinationen sind gleich behandelt („Donnern und Blitzen, rauchte und bebte"), und Substantiva verschiedener Redeteile auch („Wolke — Berge, Ton — Posaune, Herr — Feuer"), wenn nicht welche mehr in der Situation liegen: „Tag — Volk — Lager — Volk — Berg Sinai — auf den Berg", und das Adjektivum bekommt den Ton gegenüber dem Substantivum („ganze

Volk", vergleiche „Mark 3, Frau kokette"). Diejenigen, die die Durchführung einer Betonungsbezeichnung im Druck als lächerliche Utopie verurteilen würden, mögen sehen wie diese Bezeichnung hier durch ein ganzes Buch verwirklicht ist, da ist, und nicht in der von mir vorgeschlagenen Weise mit ein paar Accenten, sondern in viel grösserem Umfange, sodass manchmal das Drittel aller Worte unterschieden ist von den anderen. Sie mögen aber auch staunen, wie nicht nur eine Bezeichnung, sondern zugleich eine Betonung gewagt ist, die vom Sprachgebrauch abweicht. Nun kann man sagen: Was für Kinder noch nötig ist, braucht es für Erwachsene nicht zu sein. Aber da sehe man sich den Zustand der Zeitungen an, besonders in Telegrammen, und man wird finden, dass die Sperrung und fetter Druck und Absätze und andere Unterscheidungen zúnimmt im Laufe der Zeit und nicht ab.

Nun die Stelle, von der ich sprechen will, ist in der Geschichte von Adam und Eva, 4: „Und sie hörten die Stimme Gottes, der im Garten war. Und Adam versteckte sich mit seinem Weibe unter die Bäume. Und der Herr rief Adam: ‚Wo bist du?' Adam sprach: ‚Ich fürchtete mich, darum versteckte ich mich.' Da sprach er: ‚Hast du nicht gegessen von dem Baume?' Adam sprach: ‚Das Weib gab mir von dem Baume, und ich ass.' Und das Weib sprach: ‚Die Schlange verführte mich, und ich ass.'

Der Verfasser hat „verführte" betont. Ich behaupte aber, das Weib hat, wenn es dieses Wort gebraucht hat und vorher nichts anderes sagte, gesagt: „Die Schlànge hat mich verführt."

Ist es nun aber nicht richtiger, logischer, „verführte" zu betonen, kommt es nicht darauf an, dass die Eva verführt worden ist?

Ja; aber wenn Eva sich dieses kurzen Sátzes bedient hat, so hat sie bloss das Substantiv betont nach § 11. Denn nahe lag „Schlange" nicht, wenigstens dem Hörer nicht, Gotte, er wusste nichts davon, dass gerade die Schlange in nähere Berührung mit den beiden gekommen war: und auf den Hörer kommt es àn. Aber richtiger hätte sie gesprochen, (wenn sie die Verführung betonen wollte), wenn sie erweitert hätte: „ich bin verführt worden von der Schlànge, mich hat verführt die Schlànge"; und so geschieht es auch gewöhnlich in lebendiger Rede, nur in der umgedrehten Weise: „Die Schlànge, die hat mich verführt."

Vielleicht sagt der Herr Verfasser, für die Kinder ist der Begriff des Verführens viel wichtiger als der der Schlange, den sie schon kennen. Ihnen wird die Sache, die sich vorher begeben hat, jetzt mit ihrem kurzen Namen genannt. Gut, aber deshalb muss doch die Äusserung im Wortlaut gegeben werden. Sache des Lehrers ist es hernach, auf den Begriff zurückzukommen.

Ähnliches hat man zu sagen über die Sperrung des Wortes „kühle" in dem Gleichnis vom reichen Mann und vom armen Lazarus: „Vater Abraham, erbarme dich meiner und sende Lazarus, dass er das Äusserste seines Fingers in das Wasser tauche und kühle meine Zunge, denn ich leide Pein in dieser Flamme."

Ein anderes Beispiel schwererer Entscheidung: Das Pferd als Kläger, von Simrock, fängt so an:

> In jenen Zeiten, die wir preisen,
> Davon noch gern die Sage spricht,
> Da hielt mit König Karl, dem weisen,
> Als Schöffe mancher Held Gericht.
>
> Ein Glöckchen hing im Waldesschatten,
> Man hört' im Schlosse, wenn es klang;
> Da kamen, die zu klagen hatten,
> Und zogen an der Glocke Strang.

„Ein Glöckchen hing im Waldesschatten." Hier würde man denken können an Anwendung von § 25 („Glöckchen — Waldesschatten."). Danach würde „Glöckchen" keinen Ton haben. Der Sinn aber macht es schwer, gelegentlich-schwer, weil es ein wichtiger Gegenstand der Erzählung ist. Ja, man könnte deshalb daran denken, „Waldesschatten" unbetont zu lassen, wie „Schaden gethan" in dem Satze vom „Gewitter" § 24 c. Wenn man aber die Umgangssprache zum Muster nicht in solchem Umfang erheben will, so wendet man e) an, zwei Töne, betrachtet „Glöckchen" als eine Höreinheit (§ 21) „Ein Glöckchen hing im Waldesschatten."

Sondergesetze.

Speciell der Kunstsprache gehören nun aber zwei Eigenschaften des Stils, die die Betonung erschweren. Sie ist 1) gedrängter und 2) ausführlicher.

§ 56. 1. In der Erzählung von der Springwurzel: „Da erblickte er auf dem äussersten Rande eines hervorspringenden Felsen eine grosse riesenhafte Gestalt; ein langer Bart hing ihm bis über den Bauch, eine grosse krumme Nase entstellte das Gesicht." Ich meine den letzten Satz; mündlich würde man wohl nicht so erzählen, man würde zwei Sätze daraus machen, wie, weiss ich nicht, etwa: „er hatte einen langen Bart, der ihm bis über den Bauch hing, eine grosse krumme Nase, die ihm sein Gesicht abscheulich hässlich machte" oder ähnlich; „entstellte das Gesicht" ist zu schwer, um nicht einen Ton für sich zu fordern, das Subjekt ist auch zu schwer, und für zwei Töne (§ 18) ist der Satz zu klein. „Dort breiteten starke und gesunde Obstbäume ihre belaubten Zweige über frischem Graswuchs Gemüse- und Salatstücken aus" (Immermann, der Oberhof). Die „Obstbäume" und die „Gemüsebeete" sind beides gleichwertige Glieder der Aufzählung (es wird die Besitzung des westfälischen Hofschulzen geschildert). Würde man mündlich so erzählen, ohne vorbereitet zu sein, so würde das geistreich klingen — für gewöhnlich ist man nicht im stande so knapp sich zusammenzunehmen. Auf dem Papier geht das natürlich viel leichter, man hat ja Zeit. Aber da ist es doch nun auch keine Kunst, und zulässig wird es nur dann sein, wenn es dem Hörer nun auch wirklich ein grösseres Vergnügen oder eine leichtere Auffassung macht. Manchmal wird man förmlich erdrückt, wenn sich ein Gedanke auf den anderen türmt: (Zeitung) „Das Haus war nicht einmal so schlecht besucht, wie man fürchten konnte, und das beifallslustige Publikum bereitete dem edelgedachten Stück eines deutschen Lieblingsdichters den wohlverdienten Achtungserfolg noch wärmer als gewöhnlich." Man höre sich einmal eine unvorbereitete Erzählung an, um zu ermessen, wie weit sich die Kunst (?) da von der Natur manchmal entfernt. Ich habe es noch nicht so weit gebracht, eine solche gesprächsweise Erzählung unter dem Tisch zu stenographieren, denn unbemerkt muss es geschehen, aber ich habe genau aufgepasst und hernach gleich aufstenographiert: [Der Kaufmann von 45 Jahren von Seite 10 erzählt]: „Heute früh wie ich herauskam, stand da vor dem Hause ein ganz zerlumpter Mensch. Ich beachte ihn nicht weiter und gehe fort, der Mensch kommt hinter mir her. Hernach gehe ich noch einmal bei Jägers vor, und wie ich herauskomme, steht der Kerl vor mir. Wissen Sie was der äss? Trocknes Brot mit Austern." Zunächst warum hat er nicht erzählt „steht der Kerl vor mir und isst trocknes Brot mit Austern". Die Erzählung ist an ihrem Kernpunkt angelangt, der Hörer soll gespannt werden, daher „wissen Sie was", dadurch bekommt „ass" einen Ton für sich, den es in der Verbindung mit dem Objekt verloren hätte. Die Rhetorik geht aber noch weiter. Die ganze Thatsache wird noch mehr auseinandergelegt, es wird erst lange von dem Bettler erzählt, um in dem Hörer den Boden zu bereiten, auf dem die Frucht der Überraschung emporblühen kann. In viele einzelne Hauptsätze ist zerlegt der Satz „Heute früh habe ich einen Bettler gesehen, der trocknes Brot mit Austern ass." Siehe ferner die Erzählung von dem Luftballon, § 22.

§ 57. Ähnlich ist die Zusammenziehung eines Begriffs, auf den der Hörer vorher vorbereitet worden ist, und der nun endlich genannt wird, aber gleich mit einer neuen Mitteilung verbunden. (Zeitung) „Zu dem Gold und Silber, welches man in allen Teilen des amerikanischen Kontinents gefunden hat, zu den Edelsteinen, die der heisse Boden Brasiliens in reicher Fülle in sich schliesst, ist neuerdings ein weiterer, die Eitelkeit der Damen wie die Habsucht der Männer in gleichem Masse reizender Artikel getreten, den man innerhalb der Grenzen der Vereinigten Staaten entdeckt hat. Die durch das Auffinden von Perlen in der Umgegend von Alabany im ganzen Staate Wisconsin verursachte Aufregung will kein Ende nehmen." Der letzte Satz enthält 1) „In der Umgegend von Alabany sind Perlen aufgefunden worden. 2) Die dadurch verursachte Aufregung will kein Ende nehmen." Das Subjekt ist durch dieses Manöver so schwer geworden, dass es einen eigenen Ton bekommen muss. Das muss es ja auch sonst manchmal, nämlich wenn man anfängt über etwas zu sprechen und der Hörer weiss nicht über was. Im Gespräch macht man einen Satz daraus: „Weisst du's denn schon von Hánitzsch, der kommt bald hierhèr"; oder einen halben: „D'n Fritz sei bester Freund, der ist doch jetzt Landwirt", also das Subjekt wieder aufgenommen mit dem Demonstrativum. § 22. Studien 40—41. Im Gespräch lässt man's passieren, in gesetzter Rede weist man es als salopp zurück. Die Poesie scheint das aber zu billigen, und ihre Kritiker auch, z. B. Lyon, der es Satzbrechung nennt und lobt.

Wir haben das zu betrachten als verschiedene Formen der Exposition, verschieden breite, und es lohnte, solche zusammenzustellen. Im einfachen Märchen können wir gut vergleichen: „Es war einmal ein armer Holzhacker" (der Geist im Glas) — „In den alten Zeiten, wo das Wünschen noch geholfen hat, lebte ein König, dessen Töchter waren sehr schön" (der Froschkönig oder der eiserne Heinrich) — „Es hatte ein reicher König eine sehr schöne Tochter" (die drei Fragen). — „Es war ein König in Thule, gar treu . . . . ., Ich hatt' einen Kameraden, einen bessern findst du nit" = ich hatte einen sehr guten Kameraden. — „Das war der Herr von Rodenstein, der sprach" = Der Herr von Rodenstein sprach.

„Vom Alter blind fuhr Beda dennoch fort" (Das Amen der Steine). Hier ist das Subjekt schon so in eine neue Mitteilung geschoben, dass es aussieht, als verzichte man darauf den Hörer zu orientieren, oder setze ihn als orientiert voraus — man setzt ihn gleich lebhaft in die Situation. Und das ist wohl das Richtige, und die Gedichte sind gut in der Exposition (expositionell), wo es nicht bloss so aussieht, sondern ganz sicher so gemeint ist: „Was willst du, Fernando, so trüb und bleich" (Kolumbus, von Brachmann) — „Seht, da sitzt er auf der Matte — Der Damm zerreisst, das Feld erbraust" — es war einmal Hochwasser, u. s. w. u. s. w.

§ 58. Je mehr man von der eigentlichen Erzählung in die orientierende Einleitung hineinpackt, desto mehr muss man zu Stärke und Dauer seine Zuflucht nehmen. Diese Stärke muss eintreten, um das Verständnis zu ermöglichen, aber wenn sie in der Tiefe stattfindet, ist sie schwer auszuführen oder erscheint sogar falsch.

Am grössten ist diese Häufung wohl bei Schiller. Bei ihm könnte ein Gegner wohl auch zuerst ansetzen und sagen, es ist Unsinn da noch von Betonung zu sprechen, es ist alles so gewählt, dass es gleich breit gesprochen werden muss, oder mit anderen Worten, die Zeile besteht aus lauter Keulenschlägen. Es mag wohl sein, dass unsere Regel von einer Zusammenfassung in Gruppen von je einem Ton hier am wenigsten Sinn hat, aber die Kehrseite der Sache ist die, dass die Einheiten, die je einen Hauptton verlangen würden, sich so schnell auf einander folgen, dass der Hörer langsam lesen muss, um mit zu können. — Schiller liest sich schwer. Was erfährt der Leser alles in dem ersten Satz der Kraniche des Ibykus.

§ 59. 2) Auch die natürliche Rede will sich manchmal schmücken. Sie setzt also Bestimmungen zu, die nicht nötig sind, die charakterisieren, detaillieren, begründen, ausmalen — setzt zu, um in den gewohnten Ausdruck Abwechslung zu bringen. „Wohin haben Sie heute Ihre Schritte gelenkt?" statt „Wohin sind Sie heute gegangen?" (spazieren). Die Dichtkunst geht in der Erfindung solchen Schmuckes voran. Er fällt aber oft in die tonlosen Glieder des Satzes, und weil er unnütz ist, zieht er den Ton nicht auf sich herüber; folgt er aber dem Hauptton nach, so knurrt er in der Tiefe herum. Für den Leser aber ist wieder die Verführung da, den Ton falsch zu legen, ans Ende hin. „Dass ich zur Strafe ans Kreuz geschlagen werde", daraus wurde: „dass ich zur Strafe den Tod am Kreuze erleide, dass ich mit dem Kreuzestode bestraft werde, dass ich am Kreuze den Tod erleide für meinen Frevel" (da kommt Selbstverständliches dazu, Erläuterung), „dass ich am Kreuz mit mit Leben büsse (bezahle) das frevelnde Streben. — Dafür sollst du gekreuzigt werden = das sollst du am Kreuze büssen = das sollst du am Kreuze bereuen. — Und die Angst giebt ihm Flügel = und die Angst beflügelt den eilenden Fuss — ihn jagt die Sorge =

ihn jagen der Sorge Qualen. — Von Stunde zu Stunde hat er auf die Rückkehr gewartet = Von Stunde zu Stunde erharret er mit hoffender Seele der Wiederkehr", der Ton fällt gleich in den Anfang. — „Es dämmerte = es war Dämmerung = noch harrte im heimlichen Dämmerlicht die Welt dem Morgen entgegen. — Ein Hänfling, der zum ersten Male ausflog = ein Hänfling, den der erste Flug aus seiner Eltern Neste trug — die Sonne geht auf = die Sonne kommt mit Prangen am Himmel aufgegangen." Aus einem Gedicht an Wilhelm II. von Gottschall, statt: „Doch Dir, dem jugendlichen, gehört die Zukunft = Doch Dir, dem jugendlichen, strahlt hell der Zukunft Stern" — (aus demselben) statt: „und wenn der Feind kommt = und wenn's den Feind gelüstet, dem Friedensreich zu droh'n." — „Dass der Tod ihm schon die eisige Hand aufs Haupt gelegt hatte."

Diese Tonlosigkeit ist uns ganz geläufig, da wo die charakterisierende Bestimmung syntaktisch als Adjektivum auftritt: „die fernhin nach des Südens Wärme ... ziehn = die fernhin nach dem warmen Süden ziehn."

§ 60. Endlich ist die Wortstellung in der Dichtung anders. Sie ist oft nicht rhetorisch berechtigt, ist nicht zu rhetorischen Zwecken absichtlich geändert gegen den Sprachgebrauch, sondern dem Verse zu liebe. Man muss sich hüten, aus einer Nachstellung immer auf Erweiterung zu schliessen. Siehe die Bemerkung bei „nach ihm zu werfen mit den Spiessen" in der Schwäbischen Kunde. Ebenso: „Zu schiffen in dem wütgen See, das heisst nicht Gott vertraun, das heisst Gott versuchen" (Wilhelm Tell III, 1, Hedwig).

§ 61. Manchmal wird dadurch eine Gruppe getrennt; es wird getrennt, was unter einem Tone vereinigt war, das Tonlose kommt an den Schluss, das Betonte ganz an den Anfang einer längeren Periode, und der unbetonte lange Schwanz macht sich schlecht. Siehe im Läufer von Glarus: „Land gewinnen möchte" (V. 23) und im kleinen Hydriot: „ein Silberstückchen warf er".

§ 62. Und oft kommt dadurch ein tonloses Adverb an den Schluss des Satzes und kommt dadurch in Gefahr betont zu werden nach dem gewöhnlichen Fehler. „Klein Roland komm herein geschwind." Aber ich habe wohl Recht, wenn ich den Ton zurückrücke, und übereinstimmen lasse mit dem der prosaischen Stellung, denn ich liess von einer Dame in mittleren Jahren die erste Strophe lesen von des fremden Kindes heilger Christ, und sie las: „Es läuft ein fremdes Kind am Abend vor Weihnachten durch eine Stadt geschwind, die Lichter zu betrachten, die angezündet sind." So natürlich auch: (Klein Roland) „Nun zürnst du schrecklich mir — doch lachen musst er bald" u. s. w.

Ob solche Veränderungen der Wortstellung dem Dichter zugestanden werden müssen, lasse ich dahingestellt, will aber aufmerksam machen, dass die prosaische Wortstellung rhetorisch oft ihre gute Berechtigung hat, und dass eine natürliche gefällige Betonung auch von einer richtigen Wortstellung abhängt. (Der betrogene Teufel) „die Araber aber sind Füchse von Haus; sie sprachen: Die untere Hälfte sei Dein!" Das muss man betonen „die untere Hälfte sei Dein." In Wirklichkeit werden sie etwa gesagt haben: „Du sollst etwas haben, wir wollen Dir die untere Hälfte geben", oder „die untere Hälfte." Dass er die Hälfte haben will, ist durch das „halbe Welt" nahe gelegt. Immerhin ist damit noch nicht so selbstverständlich, dass die Araber ihm nun auch die Hälfte geben, denn man hat sonst nichts gehört von solcher Teilung mit dem Teufel. Also könnten die Araber auch gesagt haben „wir geben Dir die untere Hälfte." In dieser Wortstellung nun aber, wo „Dein" unbetont sein muss, ist dadurch noch mehr als selbstverständlich dargestellt, dass der Teufel die Hälfte bekommt — es überrascht die sprunghafte Kürze, in der die Geschichte vor sich geht.

§ 63. Aus alter Zeit herübergenommen ist die Nachstellung des Adjektivs: „bei einem Wirte wundermild." Dass sie rhetorisch ist, glaube ich nicht. Thatsächlich wird bei dieser Stellung erreicht, was ich § 50 als wünschenswert bezeichnete, die Nachstellung des Prädikats in den zusammengedrängten Urteilen, als die man Substantiv plus Adjektiv auffassen kann. Dass dieses Prädikat gleichzeitig den Ton hätte, ist nicht notwendig, das Richtigste wäre, keines von beiden zu betonen (siehe unsere Kritik). Üblich ist wohl, wenn man es auszählen will, die Betonung des Adjektivs, aber wohl nur, weil es das letzte ist, nach dem gewöhnlichen Fehler, und ein wenig Beschäftigung mit der Betonung überhaupt wird das Ohr leicht mit der Betonung des Substantivs befreunden. Die stimmt dann mit der gewöhnlichen Stellung. Also: (Klein Roland) „Du schöpfst wie aus dem Brönnen frisch, — Sag an, wer sind die Wächter treu — Sänger frei — So hat sie wohl ein Schloss lustsam" — (Siegfrieds Schwert) „Begegnet ihm manch Ritter wert." Nur wo dieses adjektivische Attribut ungewöhnlich lang oder selten ist, wird man ihm den Ton geben in Gestalt eines zweiten Tons: (Schwäbische Kunde) „Durch ein Gebirge, wüst und leer." Siehe „wundermild" in der Einkehr.

§ 64. Ebensowenig wird wohl immer beabsichtigt sein die

Voranstellung des Genetivs. Sie trifft tonlich oft das Richtige, das nachfolgende Substantiv bekommt dadurch den passenden Ton. Aber oft auch das Falsche, das zweite Substantiv ist oft eine charakterisierende, ausschmückende Zugabe wie ich es oben nannte, ist gleichwertig einem Adjektivum: In dem Gedicht auf Kaiser Wilhelm II. von Gottschall wird der beiden Kaiser gedacht, die wir mit seiner Thronbesteigung verloren: „Von Glorienschein umflossen, so würdig und so mild, steht, wie aus Erz gegossen, des Ahnherrn Heldenbild." In solchen Fällen giebt die prosaische Stellung den richtigen Ton: „Das Heldenbild des Ahnherrn" (ohne es zu wollen); und ich habe in solchen Fällen den Gebrauch überschritten, die Übereinstimmung hergestellt. Der Widerspruch des Sprachgefühls dagegen wird vielleicht bei denkenden Vorlesern schon jetzt gering oder null sein, aber auch die anderen werden bei dauernder Beschäftigung mit der Betonung bald selbst zu dieser sinngemässen Weise kommen. Denn der Sprachgebrauch ist hier nicht fest, ist kein Gebrauch der gesprochenen, sondern der gelesenen Sprache. Siehe die Zusammenstellung im Bismarcklied. So z. B. Klein Roland: „Zu Bèrthas Einsamkeit (7) — meines roten Wèines Schaum (16)."

Versdichtung.

§ 65. Die Kunstsprache liefert uns rhythmisch schöne Sprache. Sie hat damit zu kämpfen, dass die Betonungsverhältnisse des Satzes, wie er dem Dichter vorschwebt, nicht immer sogleich schöne Rhythmen ergeben. Da kommt ihm nun zu Hilfe, dass die Aufmerksamkeit auf die sprachliche Form mit gerichtet ist, und dass das Vorhergehen von schönem Rhythmus die Bildung beim Folgenden begünstigt (§ 39). Also z. B. Dort strömt die Menge zu dem Bösen (Faust). Das „zu dem" ist eigentlich zu kurz, um einen ganzen Takt von der Länge der umgebenden zu bilden. Aber man darf diese Einflüsse nicht so überschätzen, und die Worte ins Prokrustesbett legen, wie es heutzutage immer noch geschieht. Man kann nicht viel dagegen sagen, dass es die früheren Dichter so machten: Aber zugestanden wird doch, glaub ich, dass sie darin, also metrisch, heute nicht mehr musterhaft sind. Körner, auf dem Schlachtfeld von Aspern: „Drum soll es die Nachwelt laut erfahren, Wie auch deutsche Bürger dankbar waren." Stünden diese Zeilen am Anfang des Gedichts, so würde man sie zuerst falsch lesen: „Drum sóll es die Náchwelt láut erfáhren, Wie auch déutsche Bürger . . . ." Es ist aber gemeint: „Drúm soll és; Wíe auch;" und es ist falsch gerechnet, wenn der Dichter denkt, die Beharrung der vorigen Verse liesse den Leser (Hörer) ohne Anstoss darüber wegkommen. Der Anstoss ist es, den das heutige Sprachgefühl daran nimmt, der Satzton ist zu fest geworden. Schiller schon streitet sich mit Humboldt, ob man zu lesen habe: „Téilst Du mit Déiner Flúr" oder „mít Deiner Flúr." Also so kurz war das besitzanzeigende Fürwort schon damals, dass es sogar ohne Ton durchging. Nun sind darin die Sprecher verschieden. Es giebt behäbigere Naturen, die sagen eben „Déiner", und auch bei demselben Sprecher schwanken solche Verbindungen. Aber kéin Zweifel ist mir, dass „mit dem" zu kurz ist, um neben einem Substantivtakt zu stehen, und ich verstehe nicht, dass heutzutage ein Dichter so schreiben kann:

  Sprecht es nicht laut in die Welt hinaus,
  Redet leis, es ist Trauer im Haus,
  Trauer im Hause Deutschland und Not,
  Bismarck ist tot, unser Bismarck ist tot.
  Leise, bis dass wir in Einsamkeit
  Fertig geworden mit unserem Leid,
  Mit dem blutigen Riss in der Brust,
  Mit der Vernichtung, mit dem Verlust.

Der Satzton muss zu Ehren gebracht werden, und die deutsche Verskunst muss sich nun erst vollends losmachen aus dem Einflusse der silbenzählenden und quantitierenden, und ihr eigenes Wesen zeigen. Man hat sie schon lange die accentuierende genannt; also die Betonung entscheidet. Diese Berücksichtigung der Betonung soll man nun auf das ganze Gebiet der Betonung ausdehnen. Viel zu wenig hat man die Unterschiede des Gewichts berücksichtigt, die durch den jeweiligen Sinn zu stande kommen. Eine wichtige Silbe mit ihrer Pause kann solang dauern wie zwei. Unwichtige Wörter, ganze Satzteile, können schnell herausgestossen werden. Im Hauptton (und Frageton) also fällt es gar nicht schwer, eine Silbe ganztaktig zu machen.

„Ein gar hérzlíeber Geséll, Herr 's ist ewig schade." (Lenau, Postillon). — „Den Dánk, Dáme, begehr' ich nicht." — Der Dichter hat geschrieben: „Der | heulende | Sturm peitscht | Himmel und | Meer." „Sturm" hat den Hauptton im Satze, aber auch „peitscht" ist ein gewähltes Wort, was hervortreten will. Also sinngemäss gesprochen wäre: „Stúrm | pèitscht das | Meer." Oben bei Wildenbruch, wo er zur letzten Zeile kommt: „Bismarck ist tot", da sollten der Silben eher weniger werden, schwerer sollte die Rede herschreiten; statt dessen werden's ihrer mehr, denn die letzte Zeile besteht gànz aus Dreiern, es hüpft ordentlich. Vier Silben in einem Takt: „Ungleich verteilt sind des Lebens Güter Unter der Menschen flücht'gem Geschlecht, Aber die Natur, sie ist ewig gerecht." (Braut von Messina). „Aber die Na —". Die vier Silben eilen rasch zum Hauptton (= Frageton), und heben den dadurch desto mehr. Schön ist der Wechsel zwischen Dreier und Zweier, wenn auf die Zweier die vollen, wichtigen Worte fallen: „und das Hurra jauchzt und die Büchse knallt" (die Substantiva haben den Hauptton im Satze) (Körner).

„O Sonn', o ihr Berge drüben,
O Feld und o grüner Wald,
Wie seid ihr so jung geblieben,
Und ich bin worden so alt."
(Baumbach, das Beispiel ist von Assmus).

Leider ist es wohl überall unbewusst, sonst würden sich nicht auch so viele Fälle finden, wo die Regel verletzt ist. — Die Fliegenden Blätter bringen manchmal gute Gedichte. Eines erzählt von einem Schuster, der Tag für Tag sich für seine Familie abarbeitet, endlich schaut das Glück ihm zum Fenster herein, er kann es aber nicht fassen

Greif zu, greif zu, mein lieber Mann,
So drängt's ihn froh und heiter,
Doch er, weil er's nicht fassen kann,
Lacht — und flickt ruhig weiter.

Lacht — und: ein Gedankenstrich dazwischen, den ich natürlich nicht machen darf, wenn ich den Vers heraushören soll. Die Musik legt so etwas gewöhnlich hübsch auseinander.

„Der érste Schmérz ist mir ins Hérz gezógen,
Leid finde ich, wo géstern Glück noch wár."

Das ist komponiert: Léid finde ich.

Dem Sinne wird aber Rechnung getragen auch ausserhalb des Haupttons: „und sieht sich stúmm rings úm" (malt das Zögernde). Und der erste Vers der Bürgschaft ist entweder sehr gut oder sehr schlecht: „Zu Díonys, dem Tyránnen, schlích", dahinter ist natürlich eine Pause, denn der nächste Vers fängt mit Hebung an. Diese Pause kann nur begriffen werden, wenn man annimmt, dass der Dichter dadurch die Vorstellungskraft des Lesers anspannen wollte Das Schleichen ist ihm zur Darstellung des Herganges ebenso wichtig wie der Name des Mannes. Dann aber ist der Vers auch vortrefflich.

Wie verschieden lang sind die Pausen, die am Ende von Sätzen gemacht werden! Aber bisher machte das gar nichts aus, ob da Komma, Punkt, Semikolon, Ausrufe-, Fragezeichen stand, oder eine neue Person kam; es wurde einfach weitererzählt in den Silben. Man erstaunt, wenn man einmal etwas gewagt sieht, wie folgendes:

(Die gestorbene Liebe, von Richard Zoozmann)
Nur manchmal nachts im Jahreslauf
Regt sich's im dunkeln Hause stumm,
Ein seltsamlich Getriebe;
Und Baum und Brunnen hören auf
Mit Ráuschen; denn léis geht um
Die gestorbene Liebe.

= Mit Ráuschen ' denn („fehlt" die Hebung, s. Taucher, letzte Zeile).
Also Satzpausen machen, und die mit einrechnen in die Versfüsse!
In der bisherigen Versdichtung muss man aber oft Pausen machen, wo nach der natürlichen Betonung gar keine sind. Aus dem Lesebuche von Hopf und Paulsiek für Oktava habe ich mir folgende Stellen notiert:

Wóllen méine Kúhe nícht
Méhr zu Míttag grásen

„nicht mehr" gehört eng zusammen! (Häufige Verbindung § 39).

Eínen Húnd, der grösser
Wár als éine Kúh.

Besprechung von Gedichten.

Nun einige Proben von Gedichten. Ich habe sie nicht sorgfältig ausgewählt, sondern es sind zum grossen Teil solche, die mir gerade unter die Hände gekommen waren im (Sexta-) Unterricht. Denn wenn die Grundsätze richtig sind, müssen sie sich an jedem beliebigen Gedichte bewähren und bei jeder Zeile Rede stehen.

Zuerst ein ziemlich unbekanntes, bei solchen kann man sich am besten von etwaiger überlieferter Betonung frei halten oder von den Fehlern unreifen Alters, in dem man die klássischen Gedichte kénnen lernt. Ich setze es zuerst óhne Betonung hin, damit jeder Leser sie sich erst nach seinem Geschmack bílden kann, vielleicht selbst hínzeichnen und dann mit meiner vergleichen. So kann man es dann ja auch bei den ánderen Gedichten machen.

Der Fischreiher, von Gleim.

Am Ufer eines Baches ging
Ein Reiher auf und ab, auf langen, dürren Beinen,
Mit langem Hals, an dem ein langer Schnabel hing.
Des Bachs Gewässer floss auf harten Kieselsteinen
Bergab mit angenehmem Schall,
Durchsichtig wie Krystall.
Die Fische waren guter Dinge,
Vollbrachten tausend frohe Sprünge

Und sonnten sich am Sonnenstrahl.
Herr Reiher, wie so faul? Schnappst du denn nicht einmal
Mit deinem langen Schnabel zu
Und holst dir einen Hecht? Du, Fauler, wartest du
Auf einen Karpfen? Ei, wie wird es dich gereu'n!
Wenn du wirst schnappen woll'n, dann wird kein Hecht mehr sein!
Wie ernsthaft steht er da, wie still!
Wie drehet er den Hals, den er nicht brauchen will!
Bald aber hungert ihn, und nun sieht er sich um
Nach Karpfen oder Hecht;
Allein verschwunden ist das ganze Fischgeschlecht.
Nur Schleie schwimmen noch. Er aber ist nicht dumm,
Er hat Geschmack. Schlei' wäre schlechte Speise
Für einen Reiher! Alle lässt er zieh'n;
Und immer mehr noch hungert ihn.
Er geht vom Ufer ab und watet in dem Bach.
Gründlinge trifft er an, fragt aber nichts darnach;
Er lässt sie all' in Frieden schwimmen, spricht:
„Gründlinge fressen Reiher nicht;
Nach ihnen nur einmal den Schnabel aufzuthun,
Das wäre grosser Schimpf für einen Leckermund!"
Er sagt's; indessen geht, was Fisch ist, auf den Grund;
Nicht einer lässt sich sehn! Ei, Leckermund, wie nun?
Nachdem er lang' umsonst gesuchet und geschnappt,
Wird mit genauer Not ein Frosch von ihm ertappt!

Der Fischreiher, von Gleim.

Am Ufer eines Báches[1]) ging
Ein Rèiher[2]) auf und ab, auf langen, dürren Béinen,[3])
Mit langem Háls,[4]) an dem ein langer Schnàbel[5]) hing.
Des Bachs[6]) Gewässer floss auf harten Kieselsteinen
Bergab mit angenehmem Schàll,[7])
Dúrchsichtig wie Kryståll.[8])

---

[1]) § 26. — [2]) § 24a) oder d). — [3]) § 12 und 48. — [4]) § 12. — [5]) § 11 und 24a). — [6]) § 4. — [7]) Das zufällig letzte Adverbiale bekommt den Ton § 29, es soll sich aber niemand dadurch gebunden fühlen, sondern die Wórtmalerei nach Belieben walten lassen, die ich ja hier eigentlich nicht berücksichtige. Die würde z. B. hier das gleichmässige Plätschern wiedergeben durch ein sanftes Auf und Ab, und wo die Stimme da gerade aufhört, wäre gleichgültig; nur von der folgenden Bestimmung (durchsichtig) müsste sichs abheben. — [8]) Das letzte Glied des ganzen Satzes ist eigentlich erst diese Zeile, ich gebe aber einen zweiten Hauptton nach § 51, 1), und den Frageton vorher nach § 48.

Die Fische waren guter Dinge,
Vollbrachten tausend frohe Sprünge
Und sonnten sich am Sònnenstrahl.⁹)
Herr Reiher, wie so fául?¹⁰) Schnappst du denn nicht einmal
Mit deinem langen Schnabel zú¹¹)
Und holst dir einen Hécht?¹²) Du, Fauler, wartest du
Auf einen Kárpfen?¹³) Ei, wie wird es dich geréu'n!¹⁴)
Wenn du wirst schnappen woll'n, dann wird kein Hècht¹⁵) mehr sein
Wie èrnsthaft steht er da, wie stìll!¹⁶)
Wie drehet er den Hals, den er nicht bráuchen¹⁷) will!
Bald aber hùngert¹⁸) ihn, und nun sieht er sich um
Nach Kárpfen oder Hècht;¹⁹)
Allein verschwùnden²⁰) ist das ganze Fischgeschlecht.
Nur Schlèie²¹) schwimmen noch. Er aber ist nicht dùmm,²²)
Er hat Geschmack. Schlei' wäre schlèchte Speise²³)
Für einen Reiher!²⁴) Alle lässt er zìeh'n;²⁵)
Und immer mehr noch hùngert²⁶) ihn.
Er geht vom Úfer²⁷) ab und watet in dem Bàch.²⁸)
Gründlinge²⁹) trifft er an, fragt aber nìchts³⁰) darnach;
Er lässt sie all' in Frìeden³¹) schwimmen, spricht:
„Gründlinge³²) fressen Reiher nìcht;
Nach ihnen nur einmal den Schnábel³³) aufzuthun,
Das wäre grosser Schìmpf für einen Leckermund!"³⁴)
Er sagt's; indessen geht, was Fisch ist, auf den Grùnd;³⁵)
Nicht einer lässt sich sehn!³⁶) Ei, Leckermund, wie nun?
Nachdem er lang' umsonst gesúchet und geschnáppt,³⁷)
Wird mit mit genauer Not ein Fròsch von ihm ertappt!³⁸)

    Die Paragraphen, die sich leicht ergeben, schreibe ich im Folgenden nicht mehr hin.

---

    ⁹) „Dínge — Sprúnge — Sònnenstrahl": § 28. „sonnten sich am Sònnenstrahl": § 11. — ¹⁰) § 10. — ¹¹) § 4. — ¹²) § 11. — ¹³) § 11. — ¹⁴) § 10. — ¹⁵) § 7 und „Hier ist die Grenze" S. 49. — ¹⁶) § 4. — ¹⁷) § 37. Es ist merkwürdig, dass er er ihn nicht brauchen will, wo er ihn doch so dreht, merkwürdig, nicht selbstverständlich, daher besonders hoch. — ¹⁸) § 10. — ¹⁹) § 17 und § 60. — ²⁰) § 31. — ²¹) § 31. — ²²) § 10. — ²³) u. ²⁴) § 4. — ²⁵) u. ²⁶) § 10 und „Hier ist die Grenze" S. 49. — ²⁷) „Ufer" ist zu weit entfernt vom Anfang des Gedichts, um in der Situation zu liegen. — ²⁸) § 11. — ²⁹) § 31. — ³⁰) § 5. — ³¹) § 11. — ³²) § 36. — ³³) § 11. — ³⁴) § 4. — ³⁵) § 24 c. — ³⁶) § 4. — ³⁷) § 15, nicht: „umsónst gesuchet" (§ 4), das Verbum ist zu ausführlich. — ³⁸) § 4, „ertappt" liegt nahe.

Schwäbische Kunde, von Uhland.

Als Kaiser Rotbart lobesam[1])
Zum heil'gen Land[2]) gezogen kam,
Da musst' er mit dem frommen Heer
Durch ein Gebirge, wüst und leer.[3])
Daselbst erhub sich grosse Not,
Viel Steine[4]) gab's und wenig[5]) Brot,
Und mancher deutsche Reitersmann
Hat dort den Trunk[6]) sich abgethan.
Den Pferden war's so schwach im Magen,[7])
Fast musst' der Reiter die Mähre[8]) tragen.
Nun war ein Herr aus Schwabenland,[9])
Von hohem Wuchs und starker Hand;[10])
Des Rösslein war so krank und schwach,
Er zog es nur am Zaume nach;
Er hätt' es nimmer aufgegeben,[11])
Und kostet's ihn das eigne Leben.[12])
So blieb er bald ein gutes Stück[13])
Hinter dem Heereszug[14]) zurück.
Da sprengten plötzlich in die Quer
Funfzig türkische Reiter[15]) daher,

---

[1]) § 53. — [2]) § 11, 17. — [3]) Durch ein Gebirge, wüst und leer. Dadurch, dass das nachgeschickte Attribut aus zwei Gliedern besteht, wird es möglich, das Substantivum auch zu betonen. § 63. — [4]) § 31. — [5]) § 48. — [6]) hat dort den Trunk sich abgethan, unter einen Ton zusammengefasst § 11. Anders wenn „Trunk" dem Subjekt voranginge (Fragevorsatz), wie die Prosa thun würde: „und das Trinken hat sich mancher deutsche Reitersmann da abgewöhnt." — [7]) § 4. — [8]) Fast musst' der Reiter die Mähre tragen. Tragen muss auf jeden Fall eines, entweder das Pferd oder der Reiter, also „tragen" ist tonlos (§ 4). Nimmt man Frage-Antwort-Ton, so ist der Gegensatz: die Mähre den Reiter. Setzt man: „Fast musste der Reiter die Mähre tragen," so ist der Gegensatz: „Fast musste die Mähre den Reiter tragen." — [9]) § 27. — [10]) § 28. — [11]) er hätt' es nimmer aufgegeben. Das Verhältnis zum Vorigen ist adversativ: „und doch . . ." Man vermisst die Partikel; oder die Stellung hätte anders sein müssen, Frage-Antwort-Stellung: „Aufgegeben hätte er es nimmer." Man muss in Ermangelung dessen diesen Ton auf die Umkehrung legen, und das kommt auch in Prosa vor, bei Attribut und Substantiv: „neun Mädels" § 48. — [12]) Und kostet's ihn das eigne Leben. Man kann sagen, Leben liegt nahe, weil bei dem Aufgeben schon an das „Leben" des Tieres gedacht wird. Also „eigne Leben". Aber die Genauigkeit wirkt manchmal nüchtern, siehe Läufer von Glarus 31. — [13]) § 13, 16. — [14]) liegt in der allgemeinen Situation (§ 4), kann aber auch als Erläuterung gefasst werden. — [15]) § 11.

Die huben an auf ihn zu schiessen,
Nach ihm zu werfen mit den Spìessen.¹⁶)
Der wackre Schwabe forcht' sich nít,¹⁷)
Ging seines Wéges Schritt vor Schrítt,¹⁸)
Liess sich den Schild mit Pféilen¹⁹) spicken
Und thät nur spöttlich úm²⁰) sich blicken,
Bis einer, dem die Zéit²¹) zu lang,
Auf ihn den krummen Sábel²²) schwang.
Da wallt dem Deutschen àuch sein Blut,²³)
Er trifft des Türken Pfèrd so gût,²⁴)
Er haut ihm ab mit einem Streich
Die beiden Vórderfüss' zuglèich.²⁵)
Als er das Tíer²⁶) zu Fall gebracht,
Da fasst er erst sein Schwert mit Mácht,
Er schwingt es auf des Réiters²⁷) Kopf,
Haut durch bis auf den Sáttelknopf,²⁸)
Haut auch den Sáttel noch zu Stücken
Und tief noch in des Pférdes²⁹) Rücken;

---

¹⁶) nach ihm zu werfen mit den Spiessen. Man darf aus dieser Stellung nicht schliessen, dass sie ein rhetorisches Bedürfnis gewesen sei, dass „Spiessen" mit Absicht nachgestellt ist. Bei „schiessen" versteht sich von selbst, dass es mit Pfeilen ist, bei „werfen" nicht so, dass es Spiesse sein sollen, sonst hätte man das auch weglassen können. Also kann der Zusatz nicht Erläuterung sein. Die stufenweise Mitteilung aber, Erweiterung, passt gegenüber dieser nebensächlichen Thatsache nicht. § 60. — ¹⁷) forcht sich nit, obwohl man das hätte erwarten können bei solchem Angriff. § 5. — ¹⁸) ging seines Wéges Schritt vor Schritt. Gleich betonte Adverbiales § 29 und 51, 1. — ¹⁹) Das zweite Substantiv, § 27. — ²⁰) § 15, 29. — ²¹) § 12. — ²²) § 11. — ²³) § 4. — ²⁴) er trifft des Türken Pférd so gût: Häufung § 56, „trifft" hat für sich schon Wert, man würde es aber mit „des Türken Pferd" zu einer Mitteilung vereinigen; nun aber noch, wie er es trifft. — ²⁵) Vórderfüss' zuglèich. Lieber nicht Gruppenton § 10, sondern zwei Töne in der Frage-Antwort-Form § 28. — ²⁶) als er das Tier zu Fall gebracht. Man kann schwanken, ob man Recht hat, durch diese gegensätzliche Betonung anzudeuten, dass er noch etwas anderes zu Fall bringt oder bringen will. Betont man dagegen „zu Fall gebracht", so kann man sagen, das ergiebt sich schon aus dem Vorigen, dass es zu Fall gekommen. — ²⁷) er schwingt es auf des Réiters Kopf. „Reiter" ist jetzt sicher gegensätzlich. „Kopf" steht tief, weil es nachsteht, ist aber schwer und macht so den Eindruck der Häufung. Mündlich erzählen würde man: „er schwingt es auf den Rèiter, auf den Kòpf." Ebenso hernach „Pferdes Rücken." — ²⁸) Fragetöne in diesen Zeilen unerlässlich, denn die Handlungen folgen sich rasch. § 35. — ²⁹) siehe ²⁷).

Zur Rechten sieht man, wie zur Linken
Einen halben Türken³⁰) heruntersinken.
Da packt die andern kalter Graus,
Sie fliehen in alle Welt hinaus,
Und jedem ist's, als würd' ihm mitten
Durch Kopf und Leib hindurchgeschnitten.³¹)
Drauf kam des Wegs 'ne Christenschar,
Die auch zurückgeblieben war;
Die sahen nun mit gutem Bedacht,³²)
Was Arbeit unser Held³³) gemacht.
Von denen hat's der Kaiser³⁴) vernommen,
Der liess den Schwaben vor³⁵) sich kommen;
Er sprach: „Sag' an, mein Ritter wert!
Wer hat dich solche Streich' gelehrt?"
Der Held bedacht' sich nicht zu lang':
„Die Streiche sind bei uns im Schwang,
Sie sind bekannt im ganzen Reiche,
Man nennt sie halt nur Schwabenstreiche."³⁶)

Der Läufer von Glarus, von Stöber.

Einst fochten die von Uri sich
Und die von Glarus¹) bitterlich²)
Um ihre Landesscheiden³) an.
Da ward zuletzt der Spruch⁴) gethan:

---

³⁰) § 11. — ³¹) „Kopf und Leib" müssen stark gehalten werden. § 29. — ³²) mit gutem Bedacht: nicht versäumen, den Zusatz hervorzuheben: sahen mit Musse, nahmen in Augenschein, was in der Hast des Augenblicks ohne Bewusstsein geschehen war. — ³³) was Arbeit unser Held gemacht. „Held" liegt zwar in der Situation, aber ich ahme hier die Umgangssprache nach, die sich an die sinnliche Lebendigkeit des Hauptbegriffs hält. § 7. Ebenso „solche Streich' gelehrt." — ³⁴) § 11. — ³⁵) siehe unter ³⁰). — ³⁶) „neun Mädels" § 48.

¹) „Uri-Glarus," das mehrgliedrige Subjekt bekommt den Frageton nach § 24 c, und beide Glieder bekommen ihn nach § 51,1.
²) Ausgleichung durch Stärke und Dauer § 53.
³) § 11.
⁴) Der Spruch gethan, Hauptton, denn eine Mitteilung ist schon, dass entschieden wurde. Wie, sagt das Folgende, und darauf weist das „der" hin = dieser; besser wäre die Stellung „Spruch dieser". Da das nicht möglich ist, so kann höchstens jene schiefe Betonung eintreten: „der Spruch", wie neun Mädels" (§ 48, 50).

„Zur Tag- und Nachtgleich' allerfrühst,[5])
Sobald der Hàhn[6]) den Morgen grüsst,
Soll nach der beiden Länder Énden[7])
Jedweder einen Làufer[8]) senden;
Und wo sich dann begégnen[9]) beide,
Da sei fortan des Landes Schèide.
Und als der Morgen[10]) war gekómmen
Und kaum die höchsten Álpen[11]) glommen,
Zu Uri wachte schon der Hàhn[12])
Und sang den Morgen lustig àn.
Der Hùnger[13]) hat ihn früh geweckt;
Und wie er kaum die Flügel reckt,
Bricht schon der Urner hurtig àuf[14])
Und nimmt zur Scheide seinen Làuf.[15])
Indes zu Glarus schläft[16]) noch fest
Der Hahn in seinem wàrmen Nèst;

---

[5]) Mehrere Adverbiales § 29.

[6]) Hàhn den Morgen grüsst. § 11 u. 24 a. „Den Morgen grüsst" ist Ausschmückung für „kräht", und deshalb zählt das Substantivum des Prädikats nicht mit.

[7]) Länder Énden. Umgedreht würde wohl jeder „Länder" betonen und das auch ganz sinngemäss finden. Beweis für unsere Ansicht § 25.

[8]) § 11.

[9]) „beide" liegt nahe, wie jedes Fürwort. Der Schüler wird geneigt sein, es zu betonen.

[10]) § 4.

[11]) § 10.

[12]) wachte schon der Hàhn. „Hahn" bekommt den Ton, nicht „wachte", etwa weil Hahn erwartet wäre. Es ist gar nicht selbstverständlich, dass jetzt von den Hähnen gesprochen wird, dass die Geschichte in dieser Richtung ihren Verlauf nimmt. — Den Frageton, weil in der folgenden Zeile nichts wichtiges folgt; die beiden Zeilen können gut vereinigt und fortlaufend gesprochen werden.

[13]) Der Hùnger hat ihn früh geweckt. Man erwartet eigentlich eine andere Wendung: nicht „früh", sondern „so früh" oder bloss „geweckt". Es ergiebt sich doch schon aus dem Vorigen, dass es zeitig war.

[14]) bricht schon der Urner hurtig àuf: wie erwartet, daher nicht „Ùrner" (§ 5).

[15]) und nimmt zur Scheide seinen Làuf: wie zu erwarten, daher nicht „Schèide" (§ 5).

[16]) Indes zu Glarus schläft noch fest der Hahn in seinem wàrmen Nèst. Hauptton auf „schläft", nicht „fest", nach § 14, und kéine Rückung, denn dass er schläft, ist nicht ohne weiteres zu erwarten. Dieser Hauptton darf sich in einen Frageton verwandeln, denn was folgt: „in seinem warmen Nest" ist keine nebensächliche Hinzufügung, es ist die Begründung, und bekommt deshalb zweiten Ton (vergleiche § 9).

Sie hatten trefflich ihn gefüttert,
Drum schlief er satt und unerschüttert,
Derweil im roten Morgenbrand
Ihn bänglich die Gemein' umstand.¹⁷)
Doch endlich hub er an zu krähen
Und schlummertrunken sich zu blähen,¹⁸)
Und hurtig sprang der Glárner¹⁹) auf
Und nahm zur Scheide seinen Lauf.
Doch als er eilte kurze Strécke,²⁰)
Kam droben um die Felsenecke
Der Úrner²¹) schon mit stólzen Trítten
Ins fremde Lánd herábgeschritten,
Der Glarner hielt mit nichten án;²²)
Er sprang noch unverzagt bergán,
Dass er noch Land dem guten Rechte
Und seinem Volk gewinnen²³) möchte.
Der Urner hüpft mit lautem Höhn:²⁴)
„Hier ist die Schèide!" ruft er schon;

---

¹⁷) Anzuwenden ist eigentlich § 11 = 24 a, aber „Gemèin' umstand" ist wohl auch anderen missfällig, wahrscheinlich wegen der gleichen Tonstelle mit dem vorhergehenden Verse? Oder ist Gemeinde naheliegend?

¹⁸) und schlummertrunken sich zu blähen. § 53, „schlummertrunken" wie „bitterlich". Auch hier spielt der wortmalende Ton herein, wie im Fischreiher; er wird das Dehnen malen durch Hin- und Herwogen „schlùmmertrùnken", und deshalb bleibt auch das „blähen" in der Höhe, weil der Hahn gar nicht fertig wird.

¹⁹) und hurtig sprang der Glárner auf. „Glarner" ist das einzig Unterscheidende gegen Zeile 17 („bricht schon der Urner hurtig auf"). Deshalb wünscht man den Ton darauf, obwohl die Thatsache erwartet ist und also Rückung auf „áuf" bekommen müsste. Dagegen bewirkt dieses Erwartetsein die Wahl des fallenden Tons.

²⁰) kurze Strécke: § 12, logisch (§ 45, 50): „Strecke kürze".

²¹) Der Úrner schon = Mitteilung für sich (§ 20). Das Folgende wäre entbehrlich in kunstloser Erzählung (§ 59). Die vielen Accente malen hier, den fallenden bekommt die trennbare Präposition. § 29.

²²) Der Glarner hielt mit nichten an: denn man könnte denken, „dass ihm nun alles egal gewesen sei." Aber so nahe liegt wohl der Gedanke nicht, dass man die Rückung geben müsste: „mit níchten."

²³) dass er noch Land dem guten Rechte und seinem Volk gewinnen möchte. „Land" hat zwar nicht den Hauptton, sollte ihn aber haben und würde ihn dann wirklich bekommen, wenn es mit seinem Verbum „gewinnen" vereinigt an den Schluss gekommen wäre, wie es die übliche Stellung ist.

²⁴) hüpft mit lautem Höhn: „hüpft", d. h. springt lustig, ohne zu eilen, das ist eine Mitteilung für sich. Das wäre schon Hohn genug, aber

Doch will er von den Alpenmatten
Ein Stücklein ihm zurückerstatten,²⁵)
So weit es ihm noch möge glücken,
Ihn fortzutragen auf dem Rücken.²⁶)
Der schwingt ihn auf die Schultern drauf
Und klettert frisch den Steg hinauf;²⁷)
Er atmet schwer,²⁸) das Knie²⁹) bricht ein,
Erblassend stürzt er aufs Gestein.³⁰)
„Hier ist die Grenze!"³¹) ruft er schnelle —
Sein Grabstein³²) ist zur selben Stelle.

Da ruhe nun von deinem Lauf³³)
Und atme wieder fröhlich auf!³⁴)

---

es scheint, dass der Hohn wirklich laut war, in den Wörten des folgenden Verses zu suchen ist, und dass diese bedeuten: „hier", d. h. „ich halte jetzt schon an, ohne bis zu dir zu laufen, ich habe genug." Also sehr inhaltsvolles Adverbiale: ᴧ.

²⁵) unerwartet, also ᴧ.

²⁶) ihn fortzutragen auf dem Rücken. Ich glaube, die Stellung ist nicht rhetorisch, sondern hat dem Versmacher so gepasst; „auf dem Rücken" soll nicht Erweiterung sein. Sollte man sich doch dafür entscheiden, so müssten zwei Haupttöne sein.

²⁷) „den Steg hinauf", nicht „den Steg hinauf", sondern Rückung, weil es erwartet ist (§ 5).

²⁸) ich wage nicht § 14 anzuwenden, dagegen für

²⁹) § 11.

³⁰) stürzt wäre schon für sich etwas, aber nun ist „aufs Gestein" nicht wichtig genug, und wird darum zu einem Ton mit dem Verbum vereinigt. Immerhin eine Art Erweiterung macht sich hier leicht, weil das Verbum dem Gebrauch nach voransteht, anders als in dem Beispiel § 2 c, in der Weise, dass man „stürzt" den Frageton giebt nach § 48.

³¹) Hier ist die Grenze! Nicht etwa „Grenze" in die Rückung; man darf nicht zu peinlich sein mit der Annahme von Tonlosigkeit in der Situation, das wirkt prosaisch. Siehe „Fluten tauchen" im kleinen Hydriot. Gesprochen hat der Glarner jedenfalls so, und nur das Nahbeieinander des Lesens verführt zu dem gegensätzlichen Ton. „Und immer mehr noch hungert ihn" (Fischreiher). Den Beispielen Diss. S. 15/16 könnte man gar die Kunstsprache zufügen, denn wie könnte man anders als das Substantiv betonen bei Goethe: „Ein Veilchen auf der Wiese stand, gebückt in sich und unbekannt, es war ein herzig's Veilchen."

³²) Sein Grabstein ist zur selben Stelle. Der Ton auf „Stelle" würde Häufung sein. Bei anderer Stellung wäre der Hauptton natürlicher: „Zur selben Stelle ist sein Grabstein."

³³) Natürlich Situation.

³⁴) Die trennbare Präposition § 29.

Du bist, so lang' dein Fuss dich trug,⁸⁵)
Und bis zum letzten Atemzug
Fürs gute Recht vorangedrungen
Und hast ihm treulich Land errungen
Und weiter seine Mark gesetzt.
Glückselig, wer zu guterletzt
„Hier ist die Grenze!" rufen kann.
Am Steine, den dein Mut gewann,
Den Ruhstein du gefunden hast, —³⁶)
Da, braver Läufer, halte Rast!

Pförtners Morgenlied, von Schiller.

Verschwunden ist die finstre Nacht,
Die Lerche schlägt, der Tag erwacht,
Die Sonne kommt mit Prangen
Am Himmel aufgegangen.

Sie scheint in Königs Prunkgemach,
Sie scheinet in des Bettlers Dach,
Und was in Nacht verborgen war,
Das macht sie kund und offenbar.

Lob sei dem Herrn und Dank gebracht,
Der über diesem Haus gewacht,
Mit seinen heil'gen Scharen
Uns gnädig wollt' bewahren.

Wohl mancher schloss die Augen schwer
Und öffnet sie dem Licht nicht mehr;
Drum freue sich, wer neu belebt
Den frischen Blick zur Sonn' erhebt.

Verschwunden ist die finstre Nacht. Die Voranstellung des „verschwunden" beweist, dass der Sprecher auf den Hörer keine Rücksicht nimmt, dass er aus seinem Bewusstseinsstand heraus spricht: „Nacht" in die Situation. — Die Lerche schlägt, der Tag erwacht, die Sonne kommt mit Prangen am Himmel aufgegangen. § 24, a. Man könnte sagen, „Tag" liegt in der Situation,

---

³⁵) § 11.
³⁶) Der Gedankenstrich geht vielleicht auf die Betonung. Also wenn man den Haupttton genommen hat, den Fall zeitig abbrechen, wenn den Frageton, das Steigen.

aber der fortgesetzte Substantivton klingt mir freudiger, und auch dem Gefühlsausbruch des einfachen Sprechers angemessener. „Sònne" schleppt hinter sich einen ganzen Schwanz als Ausführung des einfachen „geht auf" (§ 59), aber dennoch möchte ich die sinnliche Fülle des Haupttons nicht entziehen. — Kónigs Prunkgemach, Bèttlers Dach. „König" und „Bettler" sind sich entgegengesetzt, die beiden Sätze sind einfach nebeneinandergestellt ohne die Adversativpartikel: nicht nur, sondern auch. Die gleichartigen Begriffe „König, Bettler" bekommen dadurch scharfen Frage-Antwort-Ton. Dadurch bleiben dann „Prunkgemach" und „Dach" in der Tiefe, und das fällt schwer, weil sie folgen, man hält ihre Tonlosigkeit für situationell. Schwäbische Kunde, „Réiters Kopf", (27). Man muss natürlich mit Stärke, soweit möglich, ausgleichen. — Und was in Nacht verbórgen war. „in Nacht" Situation. — Lob sei dem Hèrrn und Dank gebracht. Die überwiegende Wichtigkeit des „Herrn" sieht man schon daraus, dass es in den übrigen drei Zeilen weitergeführt wird. Also „Herrn" Hauptton, aber dank der verschrobenen Stellung schleppt da wieder ein Substantivum nach, „Dank". — schloss die Augen schwêr. Man darf vielleicht sagen, die Augen schliessen thaten alle, also ist das situationell tonlos. — Den frischen Blick zur Sonn' erhebt. „Blick" und „Sonne" liegen in der Situation, „Blick" liegt in den ersten beiden Zeilen.

Einkehr, von Uhland.

1. Bei einem Wirte wúndermild,
   Da war ich jüngst zu Gàste;
   Ein goldner Apfel war sein Schíld
   An einem langen Áste.

2. Es war der gute Ápfelbaum,
   Bei dem ich eingekehret;
   Mit süsser Kost und frischem Schaum
   Hat er mich wohlgenähret.

3. Es kamen in sein grünes Haus
   Viel leichtbeschwingte Gàste;
   Sie sprángen fréi und hielten Schmáus
   Und sángen auf das bèste.

4. Ich fand ein Bètt zu süsser Rúh'
   Auf weichen, grünen Mátten;
   Der Wirt, er deckte selbst mich zú
   Mit seinem kühlen Schàtten.

> 5. Nun fragt' ich nach der Schuldigkeit,
> Da schüttelt' er den Wipfel;
> Gesègnet sei er állezeit,
> Von der Wúrzel bis zum Gípfel!

Bei einem Wirte wundermild, da war ich jüngst zu Gaste. Das ganze Gedicht will doch von einem sonderbaren angenehmen Wirtshaus erzählen. Dass der Dichter zu Gáste ist bei jemandem, ist nicht die Mitteilung, sondern dass er bei einem wundermilden Wirte war. Das sollte also an den Schluss kommen, so wäre die gebräuchliche und angemessene Stellung. Und die Betonung wäre: „jüngst war ich zu Gaste bei einem Wirte wundermild". § 50. Die Übereinstimmung mit der logischen Betonung kommt hier nur áusnahmsweise zu stande durch die usuelle Betonung des náchgestellten Adjektivs. So wie es jetzt ist, müssen wir entsprechend dem wiederaufnehmenden „da" das erste als Frage behandeln, also dem „wundermild" denselben Frageton geben, den wir schon dem „Wirt" geben möchten. Sollte man übrigens nicht lieber „wundermíld" sagen? Dieselbe Durchbrechung des festen Worttons durch den Häufigkeitston, wie bei „Hauptwèrt", und den Adjektiven auf „un —". Studien Seite 114, Diss. 32. — ein goldner Apfel. Auch hier steht die Mitteilung voran; der Dichter hätte fragen müssen: „sein Schíld war ein goldner Ápfel." Sollte man es doch wagen, die zweiten Zeilen so fallen zu lassen (V. 1, 2 und 4), bei V. 2,2 ist es unzweifelhaft, dass sie unten zu bleiben hat. — Mit süsser Kost und frischem Schaum sollte wieder Mitteilung sein, nicht Frage, und das „wohl" sollte vorangehen, weil es durch die „süsse Kost" und den „frischen Schaum" näher ausgeführt wird. — sie sprangen frei, und sangen auf das beste. „frei" und „auf das beste" sind zu gewichtige Bestimmungen des Verbums, um ihm gegenüber tonlos zu bleiben nach § 14, es sind beinahe Erweiterungen. Aber auch „sprangen" und „sangen" sind so wenig erwartet, sind situationell schwer, dass man, wie bei Subjekt-Prädikat, § 24 c, zur Ausgleichung greifen muss ' `. — ich fand ein Bett ist zunächst genug für den Hörer, es ist viel, dass er überhaupt ein Bett fand, also jedenfalls betont; fallend passt besser zu dem Zubettgehen wie dem Schlusse des Tagewerks. — er deckte selbst mich zu. Es ist gar nicht erwartet, dass er überhaupt von jemandem zugedeckt wird, also keine Rückung (sélbst). — Gesègnet sei er, das Wichtige voran, § 31.

Des deutschen Knaben Tischgebet, von Gerok.

Das war einmal ein Jùbeltag (§ 10), Bei Sèdan fiel der grosse Schlag (§ 31), Mac Mahon war ins Gàrn gegangen, der Kaiser und sein Heer gefàngen. In jenen Tagen selber hat man gerufen: „Mac Màhon ist geschlagen", wie mein Vater erzählte, dass einer auf dem Waldschlösschen in Dresden mitten hinein in das bunte Wogen eines vaterländischen Kommerses getreten sei, mit dieser, die er in den totenstill gewordenen Saal hineinrief, Botschaft. Aber das hier gegebene Prädikat ist zu selten, zu schwer. Also 24 c. Und so wohl auch „gefàngen." Abwechslung in der Tonstelle ist ja dadurch gegeben, dass sie im ersten Vers auf die drìtte Hebung fällt (Garn), im andern auf die vierte. Den Überschwang malt die grosse Höhe, zu der sich das „gefangen" erhebt und in der es auch gut bleiben kann. — Da gab's ein Jùbeln óhne Màssen, siehe § 63 Ende. Von Flàggen wogten alle Strassen § 31. — Die bunte Mütze auf dem Óhr, die Höslein flott im Stìefelrohr. Die Körperteile bei den absoluten Accusativen sind meist unbetont: „ging, einen Éimer in der Hand, den Bèrg hinan"; aber „auf dem Ohr" ist hier gegensätzlich zu „auf dem Kopf", das Ganze ist ein verkürzter Satz, in dem „Mütze" das stark fragende Subjekt wäre, „Ohr" das Prädikat. — „Beteiligt sich den Morgen lang an jedem Schrei und jedem Sang" ist ein Beispiel für ein Verbum, was an sich nichts giebt. § 17. — Als ging's ohn' ihn entschieden nìcht. Rückung, sonst hätte das Verbum den Ton (§ 10). Aber ob es ohne ihn geht, liegt überhaupt schon nahe zu fragen. — und greift nach seinem Lòffel frisch. § 62.

Der kleine Hydriot, von Wilhelm Müller.

Das Versmass mit seiner Pause zwischen den Vershälften verführt dazu, Erweiterung anzunehmen in Vers 3, 4; in Vers 12 (es trieben uns die Stürme | um manches Fèlsenriff) wird man zwar im Ernst nicht daran denken, aber da stört dafür die Pause. In 3 (und lehrte leicht mich schwìmmen | an seiner sichern Hànd) sind vielmehr zwei Höreinheiten anzusetzen, das Adverbiale ist etwas lang § 19. In 4 (und in die Flùten tauchen | bis nieder auf den Sànd) liegt die Erweiterung wohl vor, steigernd, 2 c. „Flùten tauchen", obwohl „Fluten" naheliegt. Aber die Genauigkeit wirkt mir hier prosaisch.

Ein Silberstückchen warf er dreimal ins Mèer hinab,
Und dreimal musst' ich's hólen, eh' er's zum Lôhn mir gab.

Ist a) gehäuft, und b) durcheinander gestellt. a) auseinander gelegt in natürlicher Erzählung würde es heissen: „er warf ein Silberstück ins Meer, das musste ich holen, und wenn ich es dreimal geholt hatte, gab er mir's zum Lohn." Die Fassung hier klingt, als ob es zu erwarten gewesen wäre, von vornherein seine Absicht gewesen wäre, das Silberstück hernach zu schenken. Das entnimmt man aus der Unterordnung: „eh'". Mindestens aber ist es für den Hörer nichts Erwartetes, für ihn ist der Nebensatz eine Mitteilung und verlangt einen Hauptton; das Vorhergehende daher, obwohl es auch Mitteilung ist, in den Frageton. — b) Man braucht nicht zu verlangen: „er warf ein Silberstückchen". Aber „ins Meer hinab" liegt in der Situation und müsste daher nicht hinter die zweite Mitteilung nachschleppen: dann haben wir zwei Mitteilungen: „warf ein Silberstückchen, dreimal". Es sollte heissen: „Ein Silberstückchen warf er ins Meer hinab dreimal". Só muss man notgedrungen „Meer hinab" betonen, ebenso wie im Läufer von Glarus „Land — gewinnen möchte", 23.

Er selber blieb zur Seite mir unverdrossen stéhn. „stehen" ist ein solches unselbständiges Verbum, was mit seiner Bestimmung (Adverb: zur Seite) in eine Gruppe vereinigt werden muss, § 17. Also: „er selbst blieb unverdrossen mir zur Séite stehen"; aber nun ist es getrennt, und wenn ich dem „Seite" seinen Ton gébe schon so früh, so bleibt das „unverdrossen" zu tief, um genug Ausgleichung zu bekommen. Man könnte denken an ein ähnliches Verfahren wie ich's erst mit dem Silberstückchen vor hatte: ` ´ ` = „ein Silberstückchen warf er ins Méer hinab dreimàl = er selber blieb zur Séite mir únverdrossen stéhn"; so dass „zur Seite stehen" dadurch zu zwei Tönen kommt. Aber dann hält man den Satz mit der ersten Hälfte für abgeschlossen: „blieb mir zur Seite" genügt, und das Weitere fällt ab.

„Wies mir, wie man die Woge mit scharfem Schlage bricht, wie man die Wirbel meidet und mit der Brandung ficht." Die beiden letzten Gruppen fallen sicher unter § 11. Bei der ersten kann man anführen, dass „Woge" in der Situation liegt, oder dass das Verbum zu ausgeführt ist und also den Ton auf sich zieht (vgl. § 24 c). Das Adverbiale der Art und Weise bleibt tonlos. § 16. — Der Vater hiess mich merken auf jedes Vògels Flug, Auf aller Winde Wehen, auf aller Wòlken Zug. Diesen Gliedern einer Aufzählung gebe ich jedem den Fall (§ 51, 1), denn so auswendig gelernt werden sie nicht heruntergeschnurrt, um sie durch Frageton zu verknüpfen — er sucht sie zusammen — aber die Stimme darf in der Nachsilbe etwas in der Höhe bleiben. Was die Stélle betrifft, so bin ich nach § 64 verfahren und habe den Ton gegeben, der mit der gelösten Form übereinstimmen würde: „wie die Vögel fliegen, wie die Winde wehen (= wie man die Wirbel meidet)". — — und rüttelte mich nicht, einfach nach § 10. — Glück zù auf deinem Maste. „Auf deinem Maste" ist Situation, ebenso später „mit deinem Schwerte". — „ein Schwèrt mir in die Hand." Die häufigen Ortsbestimmungen durch Körperteile sind unbetont. Siehe des deutschen Knaben Tischgebet, „die bunte Mütze auf dem Ohr". — Glück zù mit deinem Schwerte! Sò hat der Vater natürlich gesprochen, nicht etwa „Glück zu mit deinem Schwèrte", wie ein Leser denken könnte, der noch das Ende der vorigen Strophe im Sinne hat und die beiden nun vergleicht, § 54. Ähnlich im Pferd als Kläger, da sagt König Karl natürlich: „Wohlauf! Das Glöckchen hör' ich schallen", obwohl von dem Glöckchen dem Leser eben erst ein Langes und Breites erzählt worden ist.

Der blinde König, von Uhland.

„Was steht der nordschen Fèchter Schaar hoch auf des Meeres Bórd — das Eiland wiedertönt — vom Tanz auf grünem Strànde hast du sie weggeraubt": das ist die grosse Schande, dass du sie von so unschuldigem Spiel weggeraubt hast; „weggeraubt" = selbstverständlich, Situation. — „Der Räuber, gróss und wild — warum denn littens die (§ 10) — und keiner kämpft um sie — sein junger Sòhn só wàrm — edles Màrk — die Flùt mich armen Greis — der Schild und Schwèrter Schall, und Kàmpfgeschrei und Tòben und dumpfer Widerhall. — Sie kommen àngefahren, dein Sohn — Gunild." Es scheint ein Bedürfnis gewesen zu sein, das Prädikat voranzustellen und eine Mitteilung daraus zu machen.

Der Fischer, von Goethe.

Dieses Gedicht ist ein guter Beleg für unsere Empfehlung behaglicher Verteilung und öfterer Ruhepunkte, § 56. Wir haben Zèit dazu im Gespräch, wie das Verhalten des Gesprächs beweist; dann müssen wir erst recht Zeit haben in der Kunst. Ich meine die gleichartigen Glieder, die hier oft in ganze Sätze aufgelöst sind und dadurch einen selbständigen Ton bekommen: „Das Wasser rauscht', das Wasser schwoll" = in Prosa: „Das Wasser rauschte und schwoll — Und wie er sitzt und lauscht", wird: „und wie er sitzt und wie er lauscht — Sie sang und sprach zu ihm = sie sang zu ihm, sie sprach zu ihm — sich die liebe Sonne nicht, der Mond sich nicht." In der Weise kann man freilich nicht alle mehrgliedrigen Sätze auflösen. Man kann noch weiter gehen: Die Orientierung des Raumes hat einen eigenen Satz und damit Hauptton bekommen: „am rauschenden Wasser sass ein Fischer = das Wasser rauscht', das Wasser schwoll, ein Fischer sass daran"; diese „Satzbrechung" geht noch weiter als gewöhnlich: „an dem rauschenden Wasser, da sass ein Fischer."

sah nach dem Ángel rúhevoll: das Adverb ist mir hier zu schwer, um nach § 62 behandelt zu werden.

Die Höhenveränderungen sind hier gering, entsprechend dem Inhalt, die gleichmässige Ruhe des Fischers malend.

so wohlig auf dem Gru̇nd, obwohl „Grund" nahegelegt scheint. (Läufer von Glarus, 31.)

lockt dich dein eigen Ángesicht nicht her in ew'gen Thau. „Angesicht" ist den übrigen lockenden Dingen entgegengesetzt, „lockt" ist wiederholt, „in ew'gen Thau" ist Ausschmückung § 59.

Meeresstille, von Goethe.

Tiefe Stille herrscht im Wasser,
Ohne Regung ruht das Meer,
Und bekümmert sieht der Schiffer
Glàtte Fläche ríngsumhèr.
Keine Lùft von kéiner Séite!
Tòdesstille fu̇rchterlich!
In der ungeheuren Weite
Reget kéine Wèlle sich.

1. „Wasser" liegt nur in der Situation des Sprechers, aber der spricht für sich, will ein Bild geben von seinem Standpunkte. § 57. Auf die Spitze getrieben bei Hebel.
2, 3, 4. Tonmalend wird man hier auf Fall- oder Stärkeunterschiede so gut wie verzichten.
5, 6. § 18. 7. „sich" kann man nicht betonen, und doch befremdet die Tonlosigkeit des Nachgestellten, weil man diese Wortstellung nicht gewöhnt ist.

Die Wacht am Rhein.

Solche Gedichte, die viel gesungen werden, verlieren leicht die Fähigkeit, richtig gesprochen zu werden; gewöhnlich hat man sie vòrher schon gesungen, und viel gesungen, ehe man sie liest, und hat sich da die falsche Betonung eingeprägt, die die erste Strophe den folgenden diktiert. (Denn die Melodie ist bekanntlich in Rhythmus und Harmonie der ersten Strophe angepasst.) Es ist schwer, wieder unbefangen heranzutreten. Deshalb bringe ich solche bekannte Gedichte jetzt erst.

Unzweifelhaft ist aber wohl, dass in der 2. Strophe gelesen werden muss: Der deutsche Jüngling, fromm und stark, beschirmt die heilige Landesmark. Die zweite Zeile liegt in der Situation, das Ganze ist Antwort auf die Frage der ersten Strophe. Diese Frage der ersten Strophe muss natürlich auch als Frage gelesen werden: „wer will des Stromes Hüter sein". fromm und stark ist eine Mitteilung für sich; diese paradoxe Verbindung will mit Verstand gegessen werden, also Hauptton schon auf „Jüngling".

Durch Hunderttausend zuckt es schnell. Die Stellung erschwert wieder die Entscheidung. „Da zuckt es schnell durch Hunderttausend", wäre leichter. Wenn „durch Hunderttausend" das Wichtige ist, vorangestellt, dann soll die Bereitschaft der Deutschen als unzweifelhaft hingestellt werden: dass es zuckt, ist erwartet, nur bei wievielen. Man kann aber auch aus dem Wege gehen durch (Ton)malerei: „durch Hunderttausend zuckt es schnell", was die Aufregung etwas nachmacht.

wo der Himmel blaut, wo Vater Hermann niederschaut, so lang ein Tröpfchen Blut noch glüht, § 11; noch eine Faust den Degen zieht, und noch ein Arm die Büchse spannt, das zweite Substantiv § 25. und ob mein Herz im Tode bricht § 11, wirst du doch drum ein Welscher nicht. „ein Welscher" liegt in der Situation; doch ist die Stellung ungewöhnlich, und wenn sie beabsichtigt ist, nicht bloss Dichters Verlegenheit, so ist Frage-Antwort-Ton anzusetzen. Der Schwur erschallt, die Woge rinnt, die Thatsachen sind eben geschehen, liegen vor, deshalb Rückung; ihnen könnte sich auch anschliessen „die Fahnen flattern in den Wind", obwohl das aus dem Bisherigen nicht zu entnehmen ist; also der Gleichmässigkeit des Prädikattons zu liebe. Oder man setzt die Fahnen als bekannt voraus, versetzt dadurch lebhaft in die Situation. Denn sonst müsste „Fahnen" den Ton haben, trotz des zweiten Substantivs „Wind" (§ 25), das ist zu schwach. § 24c.

Nun ein neues:

Lied auf Bismarck, von Schrader.
(Zeitschrift des deutschen Sprachvereins, 1896.)
Im Norden ist dem Sand der Mark
Ein Eichenbaum entsprungen,
Mit seinen Wurzeln, zäh und stark,
Hält Deutschland er umschlungen.

Der uns gepflanzt des Reiches Baum,
Der uns erfüllt der Väter Traum,
Ihm sei ein Lied gesungen!

O, reich' herab vom Himmelsblau
Du, vielgeliebter Kaiser,
Dem Freunde aus der Sél'gen Au
Auch heut' des Lorbeers Reiser!
Und küss' wie einst das teure Haupt,
An das Du fest und treu geglaubt,
In Thorheits Nacht ein Weiser!

Denn finster war's im deutschen Land,
Und Berg' und Thäler schliefen,
Wie sehr nach einer Schöpferhand
Die bangen Geister riefen.
Er sprach das Wort: „Es werde Licht!"
Und strahlend stieg von Angesicht
Germania aus den Tiefen!

Sahst Du die stolze dort am Rhein,
Auf grünen Rebenhügeln?
Sahst sich im Abendsonnenschein
Die Kaiserkrone spiegeln?
Stieg dann aus Deinem stillen Kahn
Sein Ruhm und Name himmelan
Nicht auf Gesanges Flügeln?

Und Du, o wunderschöne Stadt,
Und Dich, Land meerumschlungen,
Der Mutterbrust verloren, hat
Er Euch zurückgerungen.
Und weis' im Rat und kühn von That,
Und unermüdlich früh und spat
Hat er die Welt bezwungen.

Nun spielet rings in deutschen Gau'n
Des Friedens holder Knabe,
Es freut in Hof, in Wald, in Au'n
Sich jeder seiner Habe.
Nach Südlands Glut, nach Nordlands Eis
Trägt deutsche Flagge deutschen Fleiss
Und heischt die Gegengabe.

Was in der Völker Ábgrund haust,
Des Áufruhrs Schreckgestalten,
Wohl hat er sie mit starker Faust
Am Bòden festgehalten;
Und doch beschwor zu gleicher Stund'
Er mit der Lìebe heil'gem Mund
Die dräuenden Gewalten.

So stand vor seines Kaisers Thron
Der Eiserne zur Wèhre,
Den Franzmann und der Stéppe Sohn,
Sie gràute seiner Lehre.
Und eine Welt von Níedertracht,
Er hat sie doch zu Fàll gebracht,
D'rum sei ihm auch die Èhre!

Nun freut ein jüngeres Geschlêcht
Sich des, was er erstritten,
Und nur die Gegenwart hat rècht!
Was Er für uns gelítten,
Man gräbt es wohl in Màrmelstein;
Doch alten Schláuch sprengt neuer Wèin:
„Kehr' hèim zu Deiner Hûtten!"

Du bist in Lebens Ábendstrahl
Zum stillen Wàld gezogen,
Doch sieh! Dir sind vieltausendmal
Die Herzen nàchgeflogen.
Und wer mit Recht ein Déutscher heisst,
Schwebt, wo man Deinen Namen preist,
Auf der Begèistrung Wogen!

Zwei Substantiva, das eine im Genetiv, sind
a) gleichwertig, könnten den Ton auf beide Arten bekommen und
ich gebe den Sprâchgebrauch (Ton auf dem letzten):
„des Reiches Bàum,[1]) der Vàter Tràum, nach Sūdlands Glùt,
nach Nordlands Èis, seines Kaisers Thròn."
b) das erste liegt in der Situation: „in der Völker Ábgrund, in
Lebens Ábendstrahl".

---

[1]) Mir fehlt die allgemeine Form für den Accent, ob Haupt- oder Frageton — ich mag nicht allemal entscheiden, welcher es ist, weil es unnötig ist.

c) das zweite ist nur eine unwesentliche Eigenschaft des ersten
   (Ausschmückung):
   „der Sel'gen Au, des Lorbeers Reiser, auf Gesanges Flügeln,
   des Friedens holder Knabe, des Aufruhrs Schreckgestalten, mit der
   Liebe heil'gem Mund, auf der Begeistrung Wogen."
d) das zweite liegt nahe: „der Steppe Sohn".
e) das erste ist in Gegensatz gesetzt: „in Thorheits Nacht ein
   Weiser", (man kann es auch zu c zählen).

Gruppen (Höreinheiten) unter einem Ton: „ein Lied gesungen, Kaiserkrone spiegeln, am Boden festgehalten, zum stillen Wald gezogen, sie graute seiner Lehre" (Lehre neigt zur Situation).

In der Situation liegt: „Deutschland (hält Deutschland er umschlungen), das teure Haupt, im deutschen Land u. s. w."; leicht zu ergänzen: „die Herzen" (die Herzen nachgeflogen).

Erläuterung mit Ton: „kehr' heim zu deiner Hütten".

„ein Eichenbaum entsprungen"; hier ist die Stellung richtig, das Subjekt ist durch die Voranstellung weiter ans Ende gerückt und bekommt so einen gefälligen Hauptton.

Erweiterung: „sein Ruhm und Name himmelan nicht auf Gesanges Flügeln" = damit ist zerlegt, was in Prosa unter einem Ton vereinigt werden müsste: „hast du da nicht sein Lob gesungen."

und nur die Gegenwart hat Recht: das befremdet, wenn man es zum ersten Male liest, man erwartet einen Gegensatz: „doch nur die Gegenwart hat Recht." Wenn das jüngere Geschlecht des Errungenen sich freut, wird es vielleicht gerade darin sich sonnen und nichts Neues dazufügen. Wenn der Verfasser die Verbindung „und" anwendet, so muss er in den beiden ersten Versen etwas anderes ausdrücken wollen, als was wir herauslesen; er hat sagen wollen: „nun ist ein jüngeres Geschlecht an der Reihe und tritt an den Platz, den jene einnahmen." Der letztere Gedanke wendet sich ihm unter den Händen so: „(tritt in den Platz und damit in die Segnungen ein, die jene hinterlassen) = freut sich dessen, was sie erstritten", und das wurde häufend gleich mit dem Hauptbegriff verbunden.

Die richtige Betonung könnte vielleicht dazu führen, das Missverständnis zu verhindern: „ein jüngeres Geschlecht."

Schiller.
Die Kraniche des Ibykus.

Bei Schiller tritt die Häufung besonders oft auf. und in Poseidons Fichtenhain tritt er mit frommem Schauder ein:

das Wichtige steht voran: in Poseidons Fichtenhain tritt er ein, das will der Dichter hier mitteilen, wo er schon angelangt ist. Man sieht das an dem „schon" im Anfang der Strophe: „schon winkt auf hohem Bergesrücken" = er ist nicht mehr weit von Korinth. Die dabei entstehende Betonung muss auch beibehalten werden, obwohl nun noch angefügt ist, wie dieser Ort auf ihn wirkt, also etwas, was dem Eintritt in den Hain erst folgte. Die Wortstellung ist gut, sie dürfte nicht umgekehrt sein, aber die Betonung weiss nicht, soll sie den frommen Schauder in der Tiefe brummen, oder zu einer zweiten Mitteilung erheben: dann muss sie aber sagen „mit frómmem Scháuder éin": „ein" bekommt den Hauptton, weil sonst an Rückung gedacht werden würde: Zweck der ganzen Mitteilung wäre dann nur, wie er in diesen Hain getreten ist. Ebenso: die fernhin nach des Südens Wärme in graulichtem Geschwader ziehn. „Die in graulichem Geschwader nach dem Süden ziehn" ist die Prosastellung. Dem Betonten hinkt hier die unbetonte Bestimmung nach. Der Laie weiss auch nicht recht, was er mit solchen Versen anfangen soll. Jedenfalls kommt er auch auf die Gleichbetonung „tritt er mit frommem Schauder ein" — wenn er auch nicht wagt, das „Fichtenhain" für die Stelle des höchsten Tons der beiden Zeilen zu erklären — und versucht sie wohl auch einmal aus dem Sinne zu begründen: „die fernhin nach des Südens Wärme in graulichem Geschwader ziehn" sei gleichmässig zu sprechen, „weil durch diese Worte die Ruhe so schön charakterisiert wird."

Manchmal kann man nur von einer eigentümlichen Wortstellung sprechen, nicht von Häufung: das, was andere zum Subjekt machen würden und zum Fragevorsatz, stellt er nach: „Vor seinem Löwengarten sass König Franz. Mit dem Pfeil, dem Bogen ... kommt der Schütz gezogen. Ihm schenkte des Gesanges Gabe Apoll = Apollo schenkte ihm des Gesanges Gabe. Und finster plötzlich wird der Himmel. Und zwischen Trug und Wahrheit schwebet noch zweifelnd jede Brust." „jede Brust" ist unbetont, das Prädikat „Trug und Wahrheit" bekäme den Ton, aber da kommt noch das „zweifelnd" dazu, was dazu gehört, also muss dás den Ton bekommen (?).

Ausschmückungen: nach des Südens Wärme, statt „nach dem Süden." Man kann freilich sagen, „Wärme" giebt den Grund an für das Ziehen nach dem Süden. Leichter betont sich diese Belehrung in der uns geläufigen Weise: „nach dem warmen Súden". Des Gesánges Gabe, der Lieder süssen Mund = den Gesang, die Gabe Lieder zu singen. Grade dieses Substantivum im Genetiv ist so oft der Träger des Hauptbegriffs bei Schiller, dass bei ihm gar nicht daran zu denken ist, den Sprachgebrauch festzuhalten, das zweite zu betonen; so: „der Léier zarte Saiten = sie hat die Léier, des Bògens Kraft = doch nie den Bògen gespannt. — Durch böser Bùben Hand verderben, der Kràniche Gefieder, des Hìmmels Blau, der Fàckel düsterrote Glut, und duldet nicht der Lèier Klang. Des Mòrdes schwere That vollbracht."

Ándere Ausschmückungen: „doch bald ermattet sinkt die Hand = bald ist er ermattet." Das Partizip ist vorangestellt, möchte also den Ton haben. — „und wo die Hàare lieblich flattern = wo die Haare sind. Da sieht man Schlàngen hier und Nàttern [die giftgeschwoll'nen Bäuche bläh'n]. — frei von Schuld und Fèhle bewahrt die kindlich reine Seele."

Andere Stellen: „der durch das Hèrz zerréissend dringt." Das „zerreissend" ist zu schwer, um nicht einen Ton neben dem Herz zu fordern, also wieder in die Höhe.

„die Bande um den Frèvler schlingt": „Frevler" ist nicht etwa erwartet.

„schallt der Erinyen Gesang": der Name wird zum ersten Male genannt und muss gehoben werden. Vergleiche aber die Perlen § 52.

„des Hörers Màrk verzehrend, § 11.

und Stìlle wie des Tòdes Schweigen, liegt überm ganzen Hause schwer." Subjekt ist schwerer § 24, d, „Schweigen" ist Situation.

„Des Chòres gràuser Melodìe", 3 Haupttöne, nicht zu stark fallen. „Chor" giebt den wichtigsten Begriff, „Melodie" bekommt aber denselben Ton, weil es durch das verbundene „grauser" gehoben wird. Mehrere Haupttöne nebeneinànder, weil diese Zeile das Signal giebt für eine ganze Reihe von Versen.

Die Glocke.

Ungewöhnliche Fragstellung, d. h. Voranstellung von Begriffen, die in der Prosa ins Prädikat verlegt würden:

„Durch der Strassen lange Zeile wächst es fort mit Windeseile — Kochend glühn die Lüfte — Taghell ist die Nacht gelichtet — Durch der Hände lange Kette fliegt der Eimer — Hoch im Bogen spritzen Quellen Wasserwogen — Heulend kommt der Sturm geflogen — Prasselnd in die dürre Frucht fällt sie — Hoffnungslos — Müssig — Leergebrannt" u. s. w. Hier, im Adjektiv und Adverb, verfährt die Prosa ähnlich. „Einen Blick nach dem Grabe seiner Habe sendet noch der Mensch zurück."

Freilich, wie könnte es anders sein, wo fallender Rhythmus gewählt ist (der, die, das, das Subjekt, kann nicht an den Anfang kommen!)

„das dankt er dieser Himmelskraft": Häufung ähnlich den Perlen (siehe Erinyen vorhin) = „1) das dankt er ihm 2) dieser Himmelskraft."

„muss wetten und wagen, das Glück zu erjagen", § 11.

„ein süsser Trost ist ihm geblieben". Man hört wohl oft „ein süsser Trost": es liegt nicht nahe dass ihm etwas Tröstendes bescheert ist. Vielléicht kann man noch erlauben „ein süsser Tròst".

„Dem dunkeln Schoss der heilgen Èrde vertrauen wir der Hände That = diese That unsrer Hände", also Situation.

„die der schwarze Fürst der Schatten wègführt aus dem Arm des Gatten." Die Bestimmung ist nichts Neues, sondern in dem „wegführt" eigentlich schon enthalten. Aber es folgt eine ähnliche Bestimmung „aus der zarten Kinder Schaar," und daraus sehen wir, dass die Verlustträger aufgezählt werden sollen, der Koordinationston tritt ein in der Form ′ ‵: „wègführt aus dem Arm des Gátten, aus der zarten Kinder Schaar."

„Munter fördert seine Schritte fern im wilden Forst der Wandrer." ‚Feierabend haben auch andere, àlle fast; so der Wanderer.' Es ist wieder eine Aufzählung, und die aufgezählten Begriffe müssen gegensätzlich einen entschiedenen Ton haben: „Wàndrer, Schàfe, Wàgen."

Der Schütz.

Mit dem Pfeil, dem Bogen. Der Gegenstand des Liedes ist der Schütz. Die Prosa würde stellen: „Der Schütz zieht früh am Morgenstrahl mit Pfeil und Bogen durch Gebirg und Thal", oder vielmehr, wie jetzt gebräuchlich ist: „früh am Morgenstrahl zieht . . . . ." Dadurch kommt der Hauptbegriff mehr an das betonte Ende. Wie ich schon bei den Kranichen sagte, Schiller stellt die Bestimmungen durcheinander, ignoriert die gewöhnlichen Einleitungen des Raumes und der Zeit, und fängt gleich mit dem an, was gewöhnlich ins Prädikat gelegt wird. Man ist dadurch versucht, den Ton womöglich schon auf „Bogen, Thal" zu legen, weil sie eben aus dem hintersten Teile des Prädikats stammen, und die Betonung des „Schütz" kommt einem fremd vor. Die zweite Strophe betone ich wiederum „Schütze", obwohl es eben da gewesen ist. Aber „Reich der Lüfte — Weih; Gebirg und Klüfte — Schütze" sind zwei Paare von Frage-Antwort-Ton.

Kannitverstan, von Hebel.

Der Anfang gehört wohl auch unter die Spezies Hebelscher Einleitungen, die so auffällt. Es ist zu lesen: „Der Mensch hat wohl täglich Gelegenheit, in Emmendingen und Gündelfingen so gut als in Amsterdam, Betrachtungen über den Unbestand aller irdischen Dinge anzustellen, wenn er will, und zufrieden zu werden mit seinem Schicksal, wenn auch nicht viel gebratene Tauben für ihn in der Luft herumfliegen." Das zeigt erstens die Nachstellung des „mit seinem Schicksal" (Erläuterung) und zweitens das Folgende: „Aber auf dem seltsamsten Umweg kam ein deutscher Handwerksbursche in Amsterdam durch den Irrtum zur Wahrheit und ihrer Erkenntnis." Dadurch kommt aber etwas in die Situation, was für den Leser noch gar nicht Situation ist: „Betrachtungen über den Unbestand aller irdischen Dinge anzustellen." Also der Erzähler stellt sich nicht auf den Standpunkt des Lesers, sondern spricht aus seiner privaten Situation heraus. Ähnlich: „Hat der Scharfrichter von Landau früh den 17. Juni seiner Zeit die sechste Bitte des Vaterunsers mit Andacht gebetet, so weiss ich es nicht. Hat er sie nicht *gebetet*, so kam ein Brieflein von Nanzig am geschicktesten Tag" (Heimliche Enthauptung). — „Es ist sonst kein grosser Spass dabei, wenn man ein Rezept in die Apotheke tragen muss; aber vor langen Jahren war es doch einmal ein Spass" (Das seltsame Rezept). „Dabei", das ist jenes hinweisende Fürwort, was so oft für naheliegende Satzteile vorläufig eintritt im Gespräch (§ 8). Hier aber liegt das Nachgeschickte nicht nah, und die Stellung sollte sein: „Ein Rezept in die Apotheke tragen zu müssen, ist sonst kein grosser Spass", und ebenso mit kleiner Änderung oben: „Der Scharfrichter von Landau hat er früh den 17. Juni . . . .", hier: „Über den Unbestand aller irdischen Dinge Betrachtungen anzustellen — — —. — Man erfährt doch durch den Krieg Allerlei, unter vielem Schlimmem auch manchmal etwas Gutes," u. s. w. (Franz Ignaz Narocki): als ob jemand eben gesagt hätte, „der Krieg ist auch zu nichts gut", versetzt also lebhaft in eine Situation, wenn auch erdichtete.

Durch Häufung und verdrehte Stellung kommt die seltsame Wirkung des folgenden Satzes zu stande. „Auf dem seltsamsten Umwege" u. s. w. Richtige Perspektive würde den deutschen Handwerksburschen in den Schatten der Erweiterung stellen, und dafür zunächst setzen: „einmal jemand" oder „man kann", und das voranstellen: „Aber man kann auch auf seltsamem Umwege zu dieser Wahrheit kommen." Oder „Es giebt aber auch seltsame Umwege, auf denen man zu dieser Wahrheit kommen kann. So ging es einem deutschen Handwerksburschen" u. s. w.

Selbständigen Ton verdienen: „in die grosse und reiche Handelsstadt voll prächtiger Häuser, wogender Schiffe und geschäftiger Menschen — Vier schwarz vermummte Pferde," das Subjekt (§ 24 e) — „langsam und traurig" (neben „Leichenwagen"), weil dieses Adjektiv weiter ausgeführt ist („als ob sie wüssten, dass sie einen Toten in seine Ruhe führten").

„fiel ihm sogleich ein grosses und schönes Haus in die Augen." in die Augen fallen = sehen, ist naheliegend. — „einen Vorübergehenden anzureden," gegen § 11. Warum? — „wie der Herr heisst, dem dieses wunderschöne Haus gehört;" es liegt nichts nah, liegt nicht nah, wovon er sprechen will, wenigstens die Aufmerksamkeit des Hörers ist nicht darauf gelenkt, daher gewöhnlicher Ton. — „von der deutschen Sprache verstand, als der Fragende — von der holländischen": „deutschen" und „holländischen" sind sich gegenübergesetzt, und der gemeinsame Faktor „Sprache" ist tonlos, obwohl er das erste Mal noch nicht selbstverständlich ist. — „genug zu sehen und zu betrachten, bis endlich ein grosses Schiff seine Aufmerksamkeit auf sich zog;" wie oben „in die Augen fallen." Es liegt nahe, dass etwas genannt wird, was er ansieht. Das Wichtige ist also hier das grammatische Subjekt. § 24 d. Der Papierne stellt es ans Ende, und dann würde niemand auf den falschen Ton verfallen. Hier würde er gesagt haben „bis endlich seine Aufmerksamkeit durch ein grosses Schiff gefesselt wurde". — „aus Ostindien angelangt war:" gewöhnlicher Ton, oder: „aus Ostindien angelangt war," dann wäre der Ort Nebensache (Erweiterung ohne Ton), die Hauptsache wäre, dass es angelangt war und also im interessantesten Moment seines Hafendaseins sich befand. — „Ganze Reihen von Kisten und Ballen auf und nebeneinander am Lande. § 29. — Der eben eine Kiste auf der Achsel heraustrug." Das zweite Substantiv ist behandelt wie die Körperteile S. 53; denn dass er es auf der Achsel trägt, ist für die, die die Verladung kennen, jedenfalls nichts Neues, und andere sollen wissen dass es etwas Selbstverständliches ist. — „wie der glückliche Mann heisse, dem das Meer alle diese Waren ans Land bringe." Die Thatsache in dem Relativsatz ist Situation sowohl für den Leser als für den Kistenträger. — „Der hat gut solche Häuser in die Welt stellen, und solcherlei Tulipanen vor die Fenster in vergoldeten Scherben:" eine lange Situation in der Tiefe.

Zweiter Teil.
Für den Schüler.

Wie soll man nun diese Belehrung über die Betonung auf die Klassen verteilen?

I. Unterstufe.

Anfangen wird die höhere Schule müssen schon in Sexta, und so ist es ja auch bisher schon gemacht worden. Denn nicht verlangen kann man zwar von einem Sextaner, dass er einigermassen schwere Fälle von Betonung selbst entscheide, oder wenn er richtig fühlt, dass er diese begründe. Sondern man wird ihm das Gedicht vorsprechen und es in der richtigen Betonung nachsprechen lassen, und wird froh sein, wenn er das kann; denn das ist dasjenige, was auf dieser unteren Stufe dem Schüler die meiste Mühe macht — das ist aber zugleich dasjenige, was bisher in der Schule schon ebenso geschehen ist. Für Kinder von 6, 7 Jahren ist die Betonung manchmal noch eine unüberwindliche Schwierigkeit. Falls es das Gedicht aus dem Buche lernt, ohne es vom Lehrer oft zu hören, so verrennt es sich in eine falsche Betonung, und die ist gar nicht wieder herauszukriegen. Ich hatte als Hauslehrer so einen Knaben, er versah manchmal die Stélle und manchmal die Höhe oder beides: „Ich weiss euch eine schöne Stadt, die lauter grüne Häuser hàt" sagte er statt „Häuser hat." Am Schlusse: „Und meine ganze grüne Stadt ist, was den Namen Wald sonst hat. — Und eh' die Bienen sich's versahn, So klettert er den Báum hinan" statt „Báum hinan," also Verwechslung des Haupt- und Fragetons. Und doch werden, wie ich vermute, solche Fehler auch bei kleinen Kindern nicht durchgelassen. Bei einem Neunjährigen hatte ich grosse Mühe, den Fall am Anfang des Satzes herauszubringen: „die Sònne kommt mit Prangen am Himmel aufgegangen;" oder in der Mitte in schwierigen Fällen: „Lob sei dem Hèrrn und Dank gebracht." Hatte er aber in diesem Nachsprechen einige Übung, so wurde ihm nachher nicht schwer, den Unterschied der beiden Accente zu fühlen, die Zeichen zu begreifen und zu setzen. Dass er sie im Anfang oft verwechselte, wunderte mich nicht, weil es mir selber im Anfang so ging.

Stellt man nun diese Übung im Nachsprechen planmässig an, so wird man, denk ich, rascher zum Ziele kommen, und es ist nur eine Vereinfachung der gegenseitigen Verständigung, wenn man sich dabei fester Namen und Zeichen bedient. Was ich im Folgenden vorschlage, habe ich in ähnlicher Weise an dem genannten neunjährigen Knaben probiert, den ich als Hauslehrer unterrichtete, und habe nicht gefunden, dass es zu zeitig gewesen wäre. Besondere Freude hat es ihm nicht gemacht, zumal ich die Übungen an Gedichten vornahm, deren Inhalt ihm viel lieber war, und deshalb würde man wünschen, dass auch dieser Teil des A-B-C-Unterrichts noch früher abgethan wäre, also in der Vorschule.

Man wird also dem Sextaner sagen:

In jedem Satze ist ein Wort oder auch zwei, die besonders laut klingen. Woher kommt das? Weil wir mit der Stimme darauf drücken, einen Nachdruck geben. Man sagt da, wir geben ihnen einen Ton. Z. B. „komm mal hèr — hast du schón wieder dableiben müssen — vergiss nicht die Hèfte abzuholen." Welche Wörter klingen laut? „her, schon, Hefte." In den Sätzen, die ich jetzt gesprochen habe, mache ich aber mit der Stimme auch eine Bewegung dazu, ich gehe entweder von oben nach unten ein gutes Stück oder von unten nach oben.¹) In dem Satze „hast du schón wieder dableiben müssen" gehe ich da mit der Stimme herunter oder herauf? Herauf. Auch herunter? Nein. „Vergiss nicht die Hèfte abzuholen." Gehe ich da herauf? Ja. Herunter auch? Ja.

Also es giebt Töne, wo die Stimme bloss heraufgeht, und Töne, wo sie herauf- und heruntergeht. „Hast du schón wieder dableiben müssen — wohin wóllt ihr denn eine Partie machen — wozú": Was sind das für Sätze? Fragesätze. Und da sehen wir auch, weshalb die Stimme da in die Höhe geht. Können wir besser verstehen, wenn die Stimme in die Höhe geht, oder wenn sie in die Tiefe geht? In die Höhe. Wenn man fragt, will man, dass der Zuhörer aufpasst auf das was ich frage. Wenn ich aber wieder heruntergehe, ist das ein Zeichen, dass ich keine Antwort will, die

---

¹) Es ist gut, bei den ersten Malen zu sagen: „ich gehe mit der Stimme hinauf, mache mit der Stimme eine Bewegung," oder „mit meiner Stimme," und nicht „die Stimme macht eine Bewegung". Ich glaube, der verkürzte Ausdruck (Metonymie) erschwert das Verständnis bei den Kleinen.

Sache ist abgemacht. Solche Sätze kann man die Sagesätze nennen.[1])

Jetzt wollen wir sehen, wo wir dabei den Nachdruck hinlegen.[2]) „Hast du schón wieder dableiben müssen": wo liegt der Ton? auf „schon." Aber in dem Satze „habt ihr die Arbeit für héute auf"? auf „heu." Also auf einer Silbe, nicht auf dem ganzen Wort. Wo geht aber die Stimme in die Höhe? auf „te." Ebenso bei: „willst du mich nicht ábholen." Und beim Heruntergehen: „komm mal hèr — vergiss nicht die Héfte abzuholen — hat sich in den Fìnger geschnitten." Also die Stimme geht erst nàchher herunter oder herauf, nàch der lautesten Silbe. Aber in folgendem Satze ist es doch anders: „wo ist denn der Kárl — nein ich habe keine Zèit." Warum? weil da die Silbe die letzte ist im Satze.

Jetzt die Stèlle bestimmen lassen (diese Arbeit ist nicht unnütz, denn die Kinder glauben manchmal den Hauptton gefunden zu habeu, wenn sie irgend eines der tiefer liegenden Worte aufgefunden haben, ebenso den Frageton. Sie müssen den Iktus fühlen lernen); auf welcher Silbe liegt der Ton: „Darf ich meinen Stóck mitnehmen — wenn nun aber die Eisenbahn sich verspátet hat — was habt ihr für heut Náchmittag zu thun — das ist ein Húnd? das ist aber ein kómischer Hund." Wir wollen diesen Ton den Frageton nennen.

Und den anderen den Hauptton:[3])

Jetzt will ich einmal einen Knaben reden lassen, so gross wie ihr, der aber wie's scheint, noch gern mit Puppen spielt. Er hat mir einiges darin gezeigt: „und hier in der Esstube will ich Ihnen mal den Téppich zeigen den wir haben — und die Mädchen, ich will Ihnen mal zeigen was die für einen Teppich in der Schlafstube haben — sehen Sie diesen Teppich, finden Sie diesen Teppich hübscher als den, den ich Ihnen óben gezeigt habe." Jetzt sage ich: „Nu warte mal, jetzt will ich mir die beiden mal ànsehen;" er: „der ist sèhr schön, da darf man eigentlich nicht drauftreten." Er zeigt mir einen kleinen Porzellanfuchs: „das ist unser kleiner Fúchs, der hält bei uns Wàche im Hause. — — Wir haben, ich glaube néun Hünde haben wir."

In dem letzten Satze waren eigentlich zwèi Worte, die laut waren. „néun" und „Húnde." Da sind die beiden Arten zusammen

---

[1]) Welche Sätze von den genannten sind Sagesätze? — [2]) Die Kinder unterstreichen von hier ab das betonte Wort, zunächst ohne Unterschied des Haupt- und Fragetons. — [3]) Ich habe für die Kleinen Beispiele aus dem Gespräch und aus ihrer Welt genommen, weil die ihnen einleuchten werden; sie werden die Betonung wiedererkennen, die sie selbst üben.

in einem Satze. Hier sind Frage und Antwort zusammen. Das kommt oft vor. Denkt euch, ihr geht spazieren, und der Vater fragt euch, was ihr mitnehmen wollt: „ich nehme meinen Stock mit," sagt der eine, und der andre: „und ich nehme meinen Reifen mit." Wo ist der Frageton? „ich."¹) Er fragt selber gleich „was mache ich?" weil er die Antwort geben will. So fragt auch das Bäumlein, wie heisst der erste Vers? . . . . . „und ich habe nur Nadeln." Ebenso, was einmal ein Papa zu seinem Jungen bei Tische sagte: „Na halte dich aber dazu, auf dich gewartet wird nicht;" oder: „Dummheiten machen und Unsinn schwätzen da bist du immer zu haben, aber wenn's heisst arbeiten und stille sein, da bist du nicht zu Hause." „Die Nadeln, die haben gestochen, das Bäumlein, das hat gesprochen."

Was ist Hauptton und was Frageton und wo liegt er?²) „Ihr habt gestern nicht gewollt, nun könnt ihr nicht gleich verlangen, dass ich auch bereit bin. — Ich dachte, grade früher hätte es viel Räuber gegeben und jetzt keine mehr. — In Deutschland hat es früher Räuber gegeben und jetzt keine mehr. Früher wurden die Leute in Deutschland auf offener Strasse angefallen und beraubt, wenn heute jemand kommt und mich anfällt, dann rufe ich, und da sind meistens Leute in der Nähe, die es hören und die Polizei rufen. Aber früher kam da einfach keine Polizei. Wenn die Räuber ankämen und mich überfallen wollten, mein Schwert würde ich ziehen und sie alle niederhauen. Giebt es jetzt gar keine Räuber mehr in Deutschland. O ja, aber sie sind nicht immer Räuber, bloss manchmal wenn sie hören, dass vielleicht ein Handelsmann viel Geld in der Tasche hat und allein durch einen Wald geht, da bekommen sie Lust nach dem Geld und werden für den Abend Räuber, für ein einziges Mal."

Nun wollen wir uns auch Zeichen machen für die verschiedenen Töne. [Ihr kennt sie schon und werdet mir sagen können, wie der Hauptton geschrieben wird, und wie der Frageton.] Was nehmen wir für Zeichen, was wollen wir hinschreiben von der Bewegung, die die Stimme macht. Bei den Sagesätzen ist die Hauptsache, dass die Stimme heruntergeht, und das geben wir in unserem Zeichen auch bloss an: `. Dass sie vorher gewöhnlich heraufgeht, schreiben wir nicht mit hin, nur dann, wenn sie besonders hoch hinaufgeht,

---

¹) Die Kinder unterschlängeln von hier ab den Frageton, zum Unterschied. — ²) Dieses folgende Stück wird jetzt erst unterstreichend und unterschlängelnd behandelt, nach der Erklärung der Zeichen werden die noch drüber gesetzt.

drücken wir das aus und machen noch ausdrücklich ein Hinauf davor: ˆ, z. B. „Was, es régnet? Es giesst ja mit Kánnen."

Beim Frageton bleibt die Stimme oben; die Hauptsache ist, dass sie in die Höhe geht. Dass sie vorher manchmal in die Tiefe geht, schreiben wir nicht hin: ʼ

Dann ist bei allen Zeichen noch etwas, was wir nicht hinschreiben: wò wir mit der Stimme heruntergehen oder hinaufgehen. Wir haben gesehen, dass es manchmal die nächste Silbe ist nach der lautesten. Es kann aber auch noch später kommen: „wer hat denn die Hútnadel genommen, die draussen auf der Kommode lag." Wir setzen die Zeichen auf die lauteste und wissen schon, wo wir hinaufzugehen haben, (hier bei „nomm").

I. Jetzt legt man einen Satz vor im Hauptton, und verlegt den Ton auf andere Worte, der Reihe nach. (An der Wandtafel wischt man die Accente allemal aus) und lässt das sprechen:
    a) „ich kann das Rèchnen nicht leiden,
       ich kànn das Rechnen nicht leiden,
       ich kann das Rechnen nìcht leiden,
       ich kann das Rechnen nicht lèiden.
    b)   du kannst das Rechnen nicht léiden,
       du kannst das Réchnen nicht leiden,
       du kánnst das Rechnen nicht leiden,
       du kannst das Rechnen nícht leiden."

II. lässt man den Hauptton in den Frageton verwandeln, zunächst in den Vertreter des Haupttons.

Man liest die Erzählung in der richtigen Betonung vor, wenn sie nicht schon mit ihr gedruckt ist: (Der alte Grossvater und sein Sohn, von den Brüdern Grimm): „Es war einmal ein steinalter Mànn, dem waren die Augen trüb geworden und die Ohren táub und die Knie zìtterten ihm. Wenn er nun bei Tísche sass, und den Löffel kaum halten konnte, schüttete er Súppe auf das Tischtuch, und es floss ihm auch etwas wieder aus dem Mùnd. Sein Sohn und dessen Frau èkelten sich davor, und deswegen musste sich der alte Grossvater endlich hinter den Òfen in die Ècke setzen, und sie gaben ihm sein Essen in ein irdenes Schüsselchen und noch dazu nicht einmal sàtt. Da sah er betrübt nach dem Tísch und die Àugen wurden ihm nass."

Man lässt verwandeln: „Súppe" in „Súppe, èkelten sich" in „èkelten sich, hinter den Òfen in die Ècke setzen = hinter den Òfen in die Ècke setzen, Schüsselchen" in „Schüsselchen". Man spricht den betreffenden Satz allemal einzeln vor.

III. Beliebige Verwandlungen.
„Du hast die schlèchteste Arbeit gemacht,
Du hast die schléchteste Arbeit gemacht,
Du hast die Arbeit schon gemàcht,
Du hast die Arbeit schon gemácht,
Ích habe die schlechteste Arbeit gemacht,
Ích habe die schlechteste Arbeit gemacht."

Dann lässt man Zeichen setzen in einen Text, nachdem man ihn vorgesprochen; etwa in das Bäumlein, was andere Blätter hat gewollt, das ist leicht, und nimmt das erste Mal einen oder zwei Verse, überhaupt nicht zuviel jedesmal, wiederhole aber öfters, indem man sie Zeichen setzen lässt; falls die Zeichen im Buch gedrückt sind, ist ja schon Übung durch das Áblesen gegeben. Denn die Übung verschwindet sonst schnell wieder.

Hier folgen die ersten sechs Strophen des Bäumleins:

1. Es ist ein Bȧumlein gestanden im Wald
   In gutem und schlechtem Wètter,
   Das hat von unten bis oben
   Nur Nàdeln gehabt statt Blätter.
   Die Nádeln, die haben gestòchen,
   Das Bȧumlein, das hat gespròchen:

2. Alle meine Kameraden
   Haben schöne Blȧtter an
   Und ích habe nur Nàdeln,
   Niemand rührt mich àn.
   Dürft' ich wünschen, wie ich wóllt',
   Wünscht' ich mir Blätter von láuter Gòld.

3. Wie's Nacht ist, schläft das Bäumlein èin,
   Und früh ist's aùfgewacht,
   Da hatt' es góldene Blȧtter fein,
   Das war eine Pràcht!
   Das Bäumlein spricht: Nun bin ich stòlz;
   Goldene Blätter hat kéin Baum im Hòlz.

4. Aber wie es Ábend ward,
   Ging der Jùde durch den Wald,
   Mit grossem Sáck und grossem Bàrt,
   Der sieht die goldnen Blȧtter bald.
   Er steckt sie éin, geht eilends fórt
   Und lässt das leere Bȧumlein dort.

5. Das Bäumlein spricht mit Grämen:
Die goldnen Blättlein daúern mich,
Ich muss vor den andern mich schämen,
Sie tragen so schönes Laub an sich.
Dürft' ich mir wünschen noch etwas,
So wünscht' ich mir Blätter von héllem Glàs.

6. Da schlief das Bäumlein wieder èin,
Und früh ist's àufgewacht,
Da hatt' es glàsene Blätter fein,
Das war eine Pràcht.
Das Bäumlein spricht: Nun bin ich fröh,
Kéin Baum im Walde glítzert so!

3, 3. Da hatt' es góldene Blätter fein. Nicht Rückung (hàtt'). Die Bewunderung kann sich viel besser in das Dingwort verlegen, und Bewunderung wird doch geäussert, das beweist der Zusatz fein.

4, 4. Der sieht die goldnen Blätter bald. Man versetzt sich in den Juden, für den sind die Blätter nichts Erwartetes (§ 54).

6, 1 und 2. Mein Schüler sagte ganz richtig, das sei doch sehr begreiflich, dass es wieder aufgewacht sei. Aber deshalb darf nicht etwa „wieder" betont werden (Rückung), sondern es muss derselbe Ton gegeben werden wie oben. Ich glaube, diese Eintönigkeit ist beabsichtigt, es soll behaglich erzählt werden, wie es für Kinder und für Märchen passt, und der Dichter hat ja darüber geschrieben: Fünf Märlein zum Einschläfern. 6, 3. Da hatt' es glàsene Blätter fein. Das zweite Mal überwiegt nun doch die Rücksicht auf den Zusammenhang.

Über den Wortton soll man auf dieser Stufe den Kindern wohl nichts sagen, sondern ihn einfach beibringen durch Verbessern.

II. Oberstufe.

Selbstfinden der Betonung.

Die Betonung selbst zu finden, wäre eigentlich nicht nötig, wenn die Bezeichnung in den Schulbüchern überall durchgeführt wäre. In diesem Falle müsste man aber dafür sorgen, dass auch die neue Generation ihre Niederschriften mit Ton zu versehen im stande sei. Man würde sie also dafür üben müssen im inneren Hören; das Niederschreiben müsste sehr schnell geschehen, und da weiss ich nicht, wie die es machen werden, die nicht stenographieren können. Schon deshalb wäre es Zeit, dass die Gebildeten Ernst machen und sich ihre in der Schule gelernte Stenographie in Fleisch und Blut übergehen lassen. Wünschenswert aber auch, damit die Papiersprache verschwinde, soweit sie unnötigerweise abweicht von der Gesprochenen.

Möglicherweise wird aber diese getreue Erfassung des eigenen Tons erleichtert werden durch Vertrautheit mit den Gründen. Es wäre zu untersuchen.

Es wäre ferner zu untersuchen, oder vielmehr wird sich im Gebrauch herausstellen, ob eine durchgeführte Bezeichnung praktisch wäre, oder ob die Betonung in so vielen Fällen von selbst richtig ergänzt wird, dass es nicht lohnt, die Anstalten, die für die wenigen übrigen Fälle getroffen werden, auf alle Fälle auszudehnen. Man würde dann in den Lesebüchern bloss die schwereren Stellen bezeichnen = die jeweils für die betreffenden Schüler schwer sind, und solcher schwerer Stellen würden in den oberen Klassen immer weniger werden. Ganz ohne Bezeichnung wird man wohl nicht wegkommen; man erinnere sich auch, dass die schwereren bekannten Dichtungen gar nicht überall gleich betont werden in Deutschland. Sonst müssten alle Stücke auf dem Theater von den Schauspielern heutzutage gleich betont werden. Und da sind doch Verschiedenheiten da, gewiss auch Fehler, und für die Bühnen wird man wohl halb- oder viertelsaccentuierte Exemplare herstellen dürfen.

Ich nehme aber an, dass die Lesebücher noch nicht durchaccentuiert sind. Man wird zunächst bedacht sein müssen, nicht mit Selbstverständlichem zu belasten, und wird deshalb nicht lange verweilen bei dem, was die Schüler von selbst richtig machen. Man wird es erwähnen, soweit man es für die Entwicklung derjenigen Grundsätze braucht, die die Schüler nötig haben, nötig haben für das, was sie falsch machen.

Man wird eine Auswahl solcher Grundsätze am Schlusse irgend eines Schuljahres zusammenstellen, und mit wenigen Beispielen belegen zunächst aus ihrer Sprache und Welt. Dann Beispiele aus den Gedichten und Prosastücken, die in dem Schuljahre gelesen worden sind.

Diese Grundsätze wird man vervollständigen und vertiefen in den folgenden Klassen an der Hand einzelner Fälle, die beim Lesen vorkommen. Vorbehalten bleiben ihnen hauptsächlich die dichterischen Abweichungen. Dafür wird genügen, was ich im systematischen Teil gegeben habe. Einmal wird man auch soweit sein, ein zusammenhängendes Stück durchzusprechen nach der Betonung; in Sexta wird das noch nicht gehen.

Welches dieses Schuljahr ist, wo man die erste Zusammenstellung giebt, kann ich noch nicht sagen. Ich habe die Beispiele zufällig aus dem Lesebuche für Sexta genommen, für die Regeln aber den einfachsten möglichen Ausdruck gesucht. Je nachdem dieser àusfällt bei den einzelnen Regeln, wird man die Klasse bestimmen.

Betonen heisst stark sprechen. Wozu spricht man stark? Damit es besser verstanden wird. Nun ist es natürlich: was eben da gewesen ist und nur wiederholt wird, wird leichter verstanden, das brauche ich nicht zu betonen. Also wiederholte Worte sind schwach; z. B. in dem Gedichte vom Bäumlein heisst es im ersten Vers: „Es ist ein Bàumlein gestanden im Wald", aber später immer: „Wies Nacht ist, schläft das Bäumlein èin; das Bäumlein spricht: ‚Nun bin ich stolz'." Papa hat erzählt, dass er zu Ostern eine Partie mit den Kindern machen will, und da hat er gesagt: „Zu Ostern da machen wir eine schöne Partìe". Die Kinder aber fragen hernach: „Wohin wollen wir denn die Partie máchen" oder „wohin wòllen wir denn die Partie machen".

Aber nicht bloss die wiederholten werden leichter verstanden, sondern die, die vor Augen liegen, wenn man mit jemandem über etwas spricht. Ich gehe mit drei Kindern spazieren; der kleinste lässt sich von seinem älteren Bruder immer Ruten schneiden, wirft sie aber wieder weg, weil sie nicht so gross waren, wie die seiner Brüder, und will andere. Der ältere Kurt erzählt mir das, und ich rufe dem kleinen zu: „Fritz, du kriegst kèinen mehr, wenn du sie alle wegwirfst, kèinen Stock. Da hilft dir die Mama àuch nicht." Zuerst also habe ich gar nicht das Wort Stock gesàgt: „Fritz du kriegst kèinen mehr", erst hernach: „wenn du sie alle wegwirfst, keinen Stock". Warum? Es hat sich halb von selbst verstanden, dass ich einen Stock meinte. Wenn ich es hernach doch sage, so betône ich es doch nicht. „Da hilft dir die Mama auch nicht." Wer das hört, was kann der schliessen? Dass dem kleinen Fritz die Mama oft hilft gegen seine grösseren Brüder. Diesmal also wird sie ihm nicht helfen. Also dass die Mama hilft, ist auch etwas, woran der kleine Bruder wahrscheinlich bald gedacht haben wird; er wird sich gedacht haben, nun die Mama wird mir schon helfen. Dieser Gedanke liegt also dem Fritz nah, er kommt leicht darauf, und was naheliegt, bekommt keinen Ton. Die Schwester bittet um ein Glas Bier, was auf dem Tische steht, und sagt dazu: „ich habe so einen grässlichen Durst". Dass sie Durst hat versteht sich von selbst, sobald sie um Bier bittet.

So ist es nun auch in Gedichten. In der Bürgschaft hat der Tyrann gesagt: „Was wolltest du mit dem Dolche", denn der Dolch liegt vor Augen. „Da war das Bäumlein wieder leer," — nachdem es schon zweimal leer geworden ist.

Denn für gewöhnlich betont man die selteneren Worte, die versteht man nicht so leicht, wie die häufigen. Häufig sind Worte wie „nicht, in, der die das, mein, bald, heute". Was wird man also betonen in diesem Satz: „Komm wir wollen ein bischen spazieren gehen. Der Kurt ist da. Es war ganz grossartig gestern. Ich habe dir eine kleine Freude bereiten wollen." Wenn nun aber mehrere seltene Worte zusammenkommen? Da kann man nicht immer gleich wissen, welches das seltenere ist, und wenn es also nicht so sicher ist, betont man nach einer Regel: Man betont das Substantiv, wenn es mit einem Adjektivum oder mit einem Verbum zusammentrifft, man betont das Verbum, wenn es mit dem Fürwort, dem Adjektiv oder mit Partikeln zusammentrifft. Also: „Das Theater brennt. Körner ist krank. Ich kann nicht schreiben, ich habe ein böses Auge — ich habe ein entzündetes Auge. Es schmeckt mir nicht. Komm wir wollen uns mal ein Bilderbuch ansehen. Wir haben heute zunächst die Sätze fertig zu machen ... Wir sind mit ihm in den Wald gegangen und haben uns da auf eine Bank gesetzt." Dichtung: „Der Jäger kommt, die Büchse knallt." (Der Herbst von Reinick.) — „Und das Hürrn jauchzt und die Büchse knallt" (Lützows wilde Jagd.) — „Eine Kugel kam geflogen" (Gute Kamerad) — „Will mir die Hand noch reichen." — „Auf blickt er, wo der Himmel blaut, wo Vater Hermann niederschaut." (Wacht am Rhein.) — „hub an die Wälder zu beschauen" (Der Häufling, von Lichtwer.) — „Nu seht mir doch das Spinnlein an, wie zart's die Fäden zwirnen kann" (Das Spinnlein, von Reinick.) — „Es war ein Kind, das wollte nie zur Kirche sich bequemen" (Die wandelnde Glocke.) — „Ein andermal dann in den Wald, da blas' ich auf zur Pirsch" (Der Herbst, Reinick).

Man darf sich nicht darum kümmern, wenn auch einmal das Verbum zufällig seltener ist als das Substantiv; „da knittert er wieder das Papier zusammen, aber hinein guckt er nicht ins Buch".

Am seltensten ist also immer das Substantivum, wenn eins da ist. Nun kommen aber oft zwei Substantiva zusammen. Da betont man das, was wichtiger ist. Vielmal kann man das freilich nicht sagen, aber doch mitunter. „Da kam der Teufel herbei in Eil'." So ist der Ort, wo etwas steht oder geschieht, nicht so viel wert zu wissen, wie das Ding selber. „Kommen Sie, jetzt will ich Ihnen mal den Teppich in unserer Schlafstube zeigen." Man stellt ihn gern an den Anfang des Satzes: „Auf dem Altmarkt war heute ein grosser Mondscheinauflauf". „Es ist ein Bäumlein gestanden im Wald." „In der Ferne zuckten Blitze, der Donner grollte, und ein wilder Sturm durchbrauste die Wipfel der Bäume."

Häufig giebt man auch an, wann etwas geschah, und deshalb st die Zeit gewöhnlich unbetont: „Ich gehe heute Nachmittag zum Grossvater. Ich bin vier Jahre im Böhmeschen Institut gewesen und dann auf die Kreuzschule gekommen."

Oft folgen zwei Substantiva aufeinander, und eins davon steht im Genetiv. Da kann man auch manchmal sagen, welches von beiden wichtiger ist: „meines roten Weines Schaum — und draussen in des Höfes Kreis", denn da ist „Hofes Kreis" soviel als in den „runden Hof". Dagegen „wer will des Stromes Hüter sein", weil vorher von dem Strom schon gesprochen ist.

Wenn mans nicht sagen kann, betönt man das letzte, aber nicht sehr; man macht es nicht gerade stärker, sondern man hebt es oder senkt es, wie man es bei der Betonung immer macht, je nach dem noch etwas folgt oder nicht, und zeigt dadurch das Ende dieses Satzteils an. So sagt man ja auch „sie stritten sich um des Kaisers Bart", „der Mann im Monde; der Sperling in der Hand ist besser als die Taube auf dem Dache." So sagt man überhaupt, wenn zwei gleichartige Worte zusammenkommen: „bei Wind und Wetter, bei Nacht und Nebel, zu Schutz und Trutz; braun und blau geschlagen, kurz und gut, schwarz-weiss-rot." Man sollte das erste wenigstens gleichstark machen, es hat dasselbe Recht. „Das Neutrum hat gleiche Formen im Nominativ, Vokativ und Accusativ." Also: (Bäumlein) „mit grossem Sack und grossem Bart; weder grüner noch röter noch gelber; wie Schwertgekliirr und Wogenprall. — mach' ich Musik zum Tanz" (der Herbst.)

So macht man es auch, wenn im Subjekt ein Substantiv steht und im Prädikat auch eins. „Die Arnber hatten ihr Feld bestellt. — Der Kater kam zum Füchse hin" (Kater Freier, von Wackernagel, Anfang). „Es gingen drei Jäger wohl auf die Birsch. — Frau Bertha sass in der Felsenkluft." „Überall muss man hier das Subjekt hübsch deutlich sprechen, denn wer das Gedicht hört, hat doch keine Ahnung von dem, wovon ich erzählen will, und grade das steht gewöhnlich im Subjekt.

Das Subjekt hat auch sonst oft den Ton nicht, obwohl es Substantiv ist, dann, wenn das Prädikat länger ist. Dann ist es natürlich etwas, was nicht so oft geschieht, sonst könnte man es kürzer sagen.

und wenn es nicht oft geschieht, so ist es auch schwerer zu verstehen. „Das Königreich Schlaraffenland ist faulen Leuten wohlbekannt. Ein grosser Teich war zugefroren."

Ist aber das Subjekt schwer zu verstehen, weil es sehr lang ist, oder weil man an so etwas im Augenblick nicht denkt, kann es einen ganzen Ton für sich bekommen. „Ein Glöckchen stand im Waldesschatten." Man geht nieder mit der Stimme, das ist ein Zeichen für meinen Zuhörer, dass er das erst mal ordentlich verdauen soll.

„Ein armer, aber guter und immer lustiger Mann aus Tilleda richtete einst eine Kindtaufe aus" (der Ritterkeller auf dem Kyffhäuser, Anfang). Und so muss man es mit allen Satzteilen machen, die lang ausgefallen sind, man muss dem Zuhörer Zeit lassen es zu verstehen. „Ein Flurer trat auf einem Spazierritt einen fleissigen und frohen Landmann an dem Ackergeschäfte an". (Kindesdank, von Hebel). Manche Sätze haben mehrere solche Pausen: „Als in dem Kriege zwischen Frankreich und Preussen ein Teil der französischen Armee nach Schlesien einrückte, waren auch Truppen vom rheinischen Bundesheere dabei, und ein bairischer oder württembergischer Offizier wurde zu einem Edelmann einquartiert". . . . „In der Mitte des Berges — findet sie am verfallnen Eingange eines grossen Kellers — eine bejahrte Schäfnerin — in ganz ungewöhnlicher Tracht sitzen —, mit einem grossen Schlüsselbunde an der Seite." Im Anfang einer Geschichte muss man deshalb oft langsam sprechen, ausser wenn die Worte schon so gewählt sind, dass es von selber langsam geht. „Es war einmal ein steinalter Mann, dem waren die Augen trüb geworden . . ."

Das eben Dagewesene, das Selbstverständliche, wird manchmal nachgestellt, weil es beinahe unnötig scheint. Dann steht also das Wichtige voran mit dem Tone. In Sachsen sagt man: „Du wirst doch nicht weinen um die paar Pflaumen. — Das ist noch lange nicht richtig gelernt. Am Schnürchen müssen sie gehen, so ein paar Vokabeln." Deshalb betont man: „Im Walde möcht' ich leben" (von Fallersleben).

Nachgestellt wird manchmal auch das, was gleichgültig ist, vor der Hand gleichgültig ist. Man will erst die Hauptsache erzählen, und wen es dann noch interessiert, der kann auch noch die Nebensache erfahren. Es fragt euch jemand, ob ihr wieder in die Sommerfrische geht, ins Riesengebirge. Du antwortest: „Wir gehen dies Jahr ins Seebad, nach Rügen". Du hast eine rote Stelle am Finger; es fragt dich jemand, woher das kommt: „ich habe mich verbrannt, an der Lampe. Hilft es durch Anger, Feld und Busch zur Kirche, zur Kapelle" (die wandelnde Glocke). Man nennt das, was man erst zu zweit erzählt, Erweiterung. Man macht den Satz weiter, und diese Erweiterung bekommt oft den Hauptton. Man hat hernach zwei im Satze.

Manchmal bringt man auch noch etwas nach zur Erklärung. Man denkt, es wird nicht recht verstanden werden, was man gesagt hat, oder der andre muss zu lange überlegen. Der Vater fragt: „bist du noch nicht fertig mit dem Skriptum?" Da antwortet du vielleicht: „ich brauche es nur noch hinzuschreiben ins Ghte". Der Papa weise vielleicht nicht, was Einschreiben ist, deshalb sagst du das noch dazu. „Gewiss willst du Wein holen aus dem Ritterkeller". (Der Ritterkeller auf dem Kyffhäuser).

Beim Lesen müsst ihr euch hauptsächlich vor diesen Fehlern hüten: Dass ihr den Ton nicht verpasst und nicht zu lange wartet. Ihr müsst den Satz vorher kennen und euch ansehen, damit ihr wisst, was schon dagewesen ist oder worauf man leicht kommt. Denn das steht oft nach. „Wir Alle wollen Hüter sein. Der deutsche Jüngling, fromm und stark, beschirmt die heilige Landesmark. Verschwunden ist die finstre Nacht. Und sieh', ob noch die Raben herfliegen um den Berg" (Friedrich Barbarossa). — „Die stolze Glut der jungen Brust macht ihm zu einem Elchbaum Lust". Dass er zu etwas Lust hatte, ist vorher schon gesagt worden.

Oder wenn Substantivum und Verbum zusammen einen Ton haben und das Substantivum kommt vorher: „Da kam der Teufel herbei in Eil. Er hat im Schlosse verborgen zum Schlaf sich hingesetzt". (Friedrich Barbarossa). „Und je nach langem Raume er einem Knaben winkt. Eine Kugel kam geflogen. Böse Geister haben mich gelockt" (Erzählung von der Springwurzel). „und durch den Donnerschlag verzehrt" (der Häufling).

Mit der Wortbetonung kann man die Schüler auf dieser Stufe wohl einmal beschäftigen, indem man sie finden lässt. Man mag ausgehen von den Fremdworten, wie Acetylengas, das wird von manchen Acetÿlen betont, oder andern. Das ist falsch, aber woher sieht man es? Man muss es wissen, dastehen thuts nicht. Woher wissen wir's bei den andern Worten? Wir haben von Jugend auf die Worte gehört. Wie macht es denn nun ein Fremder, der die deutschen Worte betonen lernen will, muss der jedes einzelne Wort lernen, oder kann man ihm nicht ein Rezept geben, ein Mittel, wodurch er gleich jedem Wort seine Betonung geben kann? Ja, der Stamm ist betont und nicht die Endung u. s. w.